Samuel Zwingli

Das Einmaleins trainieren: Division

Motivierende Materialien zum systematischen Üben
mit Selbstkontrolle

AOL
verlag

Impressum

Das Einmaleins trainieren: Division

Autor: Samuel Zwingli

1. Auflage 2017

AAP Lehrerfachverlage GmbH

Veritaskai 3 · 21079 Hamburg
Fon (040) 32 50 83-060 · Fax (040) 32 50 83-050
info@aol-verlag.de · www.aol-verlag.de

Redaktion (dt. Ausgabe): Clara-Sophie Vogel
Lektorat (dt. Ausgabe): Dr. Kristina Poncin
Illustrationen: Samuel Zwingli
Satz deutsche Ausgabe: Satzpunkt Ursula Ewert GmbH, Bayreuth
Gestaltungskonzept: Kobal Grafik GmbH, Zug
Coverfoto :© fotogestoeber – Fotolia.com

ISBN 978-3-403-10537-4

Inhaltsverzeichnis

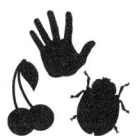

Einführung

Basis für das Dividieren

Erste Voraussetzung für das Dividieren ist das Verstehen der Multiplikation, der Umkehroperation. Wer das Einmaleins beherrscht, hat auch mit den Rechnungen der Division kaum Probleme.
Auch hier geht jeglichem abstrakten Rechnen das Handeln voraus, zuerst mit Dingen, dann mit Symbolen, Bildern und schließlich mit Zahlen. Diese Arbeitsblätter unterstützen die Kinder beim Erlernen und Üben.

Minibüchlein zum Falten

Aus einem DIN-A4-Blatt kann mit wenig Aufwand ein kleines Büchlein hergestellt werden: Viermal falten und ein Schnitt genügen! Die Skizzen zeigen, wie es geht:

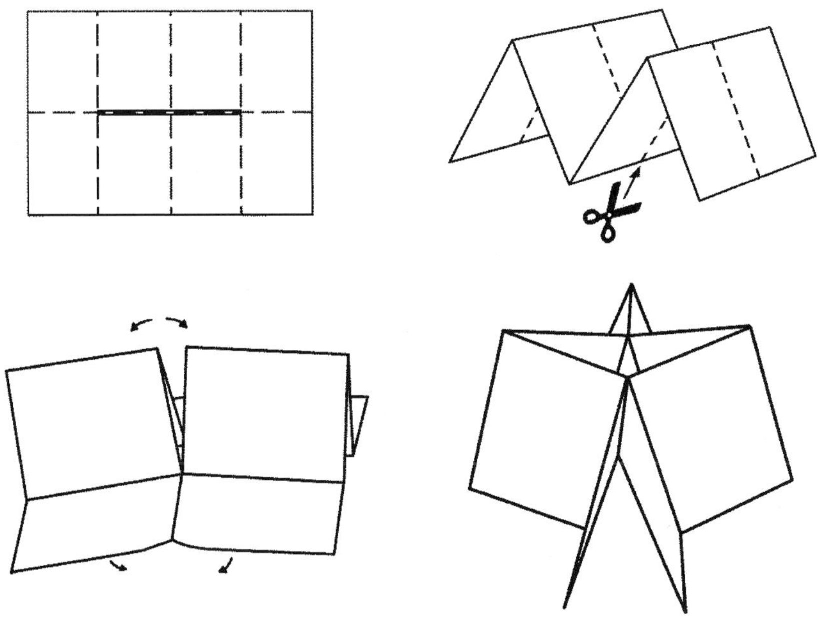

Anschließend können die Kinder die sieben Rechenseiten bearbeiten.
Auf der Seite 2 ergänzen die Kinder jeweils die Divisionsreihe.

Arbeitsblätter

Auf jedem Arbeitsblatt steht eine kurze Anleitung. Die Zerlegungsaufgaben (S. 34–35) sind als Vorübungen für das Teilen mit Rest gedacht. Auf S. 35 ist es nicht nötig, dass die absolut nächste Multiplikationszahl gefunden wird. (Beispiel: Bei der Zahl 47 kann 45 = 5 · 9 + 2 gewählt werden, statt 2 · 23 + 1)

Traingskarten

Um immer wieder zu üben – und neben der neu zu erlernenden Reihe die „alten" nicht gleich wieder zu vergessen –, sind die Trainingskarten zum Einmaleins (ISBN 978-3-403-10538-1) ideal.

Male alle Felder mit richtig gelösten Rechnungen aus.

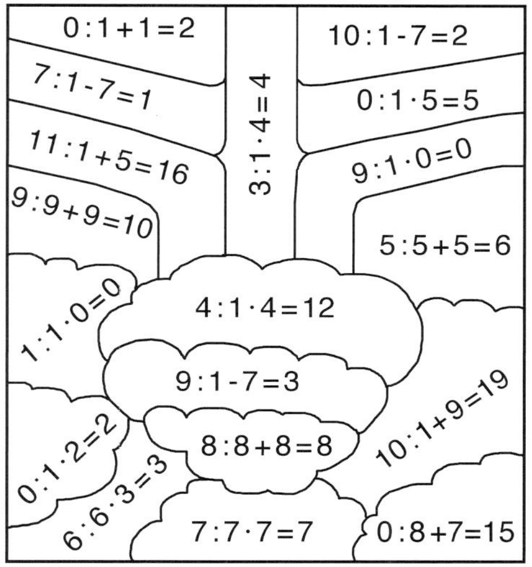

- 8 -

Verflixte Zahlen 1 und 0

1 : 1 = ___ ____________

2 : 1 = ___ ____________

____________ ____________

____________ ____________

5 : 1 = ___ 10 : 1 = ___

0 : 1 = ___ 11 : 1 = ___

- 2 -

6 : 1 = ______
10 : 1 = ______
2 : 1 = ______
0 : 1 = ______
7 : 1 = ______
9 : 1 = ______
1 : 1 = ______
3 : 1 = ______
8 : 1 = ______
4 : 1 = ______

- 3 -

> = <

7 : 1 ◇ 11 – 5
9 : 1 ◇ 18 – 9
0 : 1 ◇ 8 – 0
5 : 5 ◇ 5 – 5
8 : 1 ◇ 15 – 8
6 : 1 ◇ 11 – 6
10 : 1 ◇ 17 – 9
0 : 2 ◇ 8 – 6

- 4 -

8 : ___ = 8
___ : 1 = 6
7 : 1 = ___
___ : 1 = 0
9 : ___ = 9
___ : 2 = 1
10 : 1 = ___
3 : ___ = 3
6 : ___ = 1
___ : 1 = 1

- 5 -

Verbinde die Punkte in der Reihenfolge der Ergebnisse.

7 : 1 · 5 = ______
9 : 1 · 4 = ______
0 : 6 · 7 = ______
10 : 1 · 6 = ______
8 : 1 · 3 = ______
1 : 1 · 9 = ______
4 : 1 · 8 = ______
7 : 1 · 9 = ______
5 : 5 · 5 = ______

- 6 -

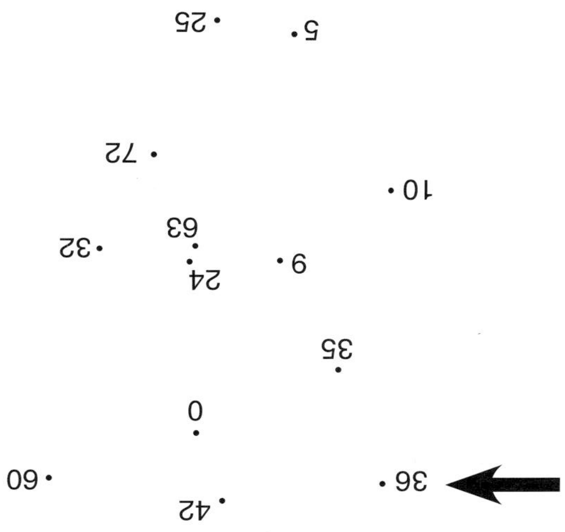

- 7 -

Teilen 2

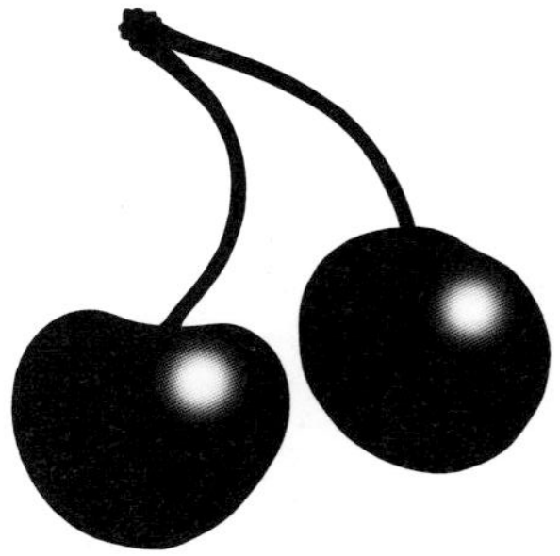

2 : 2 = ___ ____________

4 : 2 = ___ ____________

____________ ____________

____________ ____________

10 : 2 = ___ 20 : 2 = ___

0 : 2 = ___ 22 : 2 = ___

- 2 -

16 : 2 = ______
20 : 2 = ______
12 : 2 = ______
4 : 2 = ______
8 : 2 = ______
14 : 2 = ______
2 : 2 = ______
10 : 2 = ______
18 : 2 = ______
0 : 2 = ______

- 3 -

> = <

14 : 2 ◇ 12 − 6
2 : 2 ◇ 9 − 9
8 : 2 ◇ 12 − 8
16 : 2 ◇ 17 − 8
10 : 2 ◇ 13 − 9
0 : 2 ◇ 1 − 1
18 : 2 ◇ 16 − 5
12 : 2 ◇ 14 − 8

- 4 -

16 : ___ = 8
___ : 2 = 6
6 : 2 = ___
___ : 2 = 11
18 : ___ = 9
___ : 2 = 0
10 : 2 = ___
8 : ___ = 4
2 : ___ = 1
___ : 2 = 7

- 5 -

Verbinde die Punkte in der Reihenfolge der Ergebnisse.

8 : 2 · 4 = ______
12 : 2 · 3 = ______
2 : 2 · 8 = ______
20 : 2 · 4 = ______
6 : 2 · 9 = ______
18 : 2 · 6 = ______
14 : 2 · 7 = ______
10 : 2 · 6 = ______
16 : 2 · 4 = ______

- 6 -

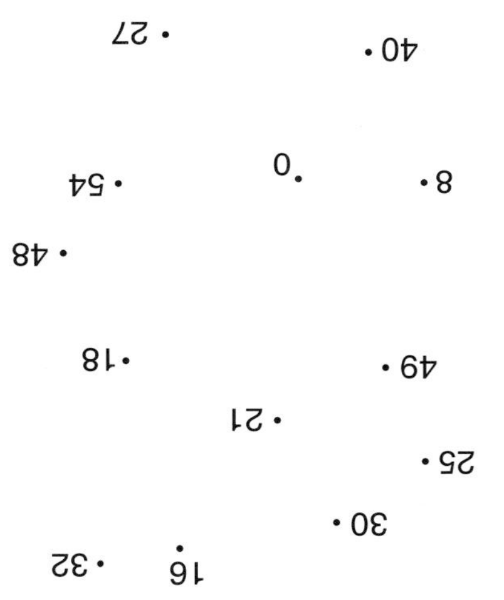

32
16
30
25
21
49
18
48
8
0
54
40
27

- 7 -

Male alle Felder mit richtig gelösten Rechnungen aus.

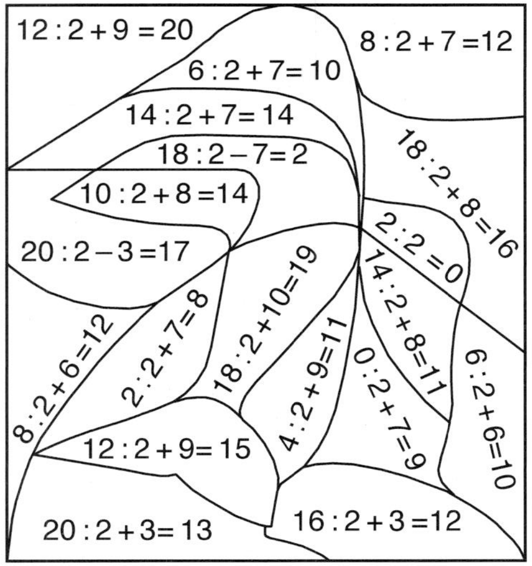

12 : 2 + 9 = 20
6 : 2 + 7 = 10
8 : 2 + 7 = 12
14 : 2 + 7 = 14
18 : 2 − 7 = 2
18 : 2 + 8 = 16
10 : 2 + 8 = 14
2 : 2 = 0
20 : 2 − 3 = 17
8 : 2 + 6 = 12
2 : 2 + 7 = 8
18 : 2 + 10 = 19
4 : 2 + 9 = 11
14 : 2 + 8 = 11
0 : 2 + 7 = 9
6 : 2 + 6 = 10
12 : 2 + 9 = 15
20 : 2 + 3 = 13
16 : 2 + 3 = 12

- 8 -

Teilen
3

- 2 -

3 : 3 = ____
6 : 3 = ____

15 : 3 = ____   30 : 3 = ____

0 : 3 = ____   33 : 3 = ____

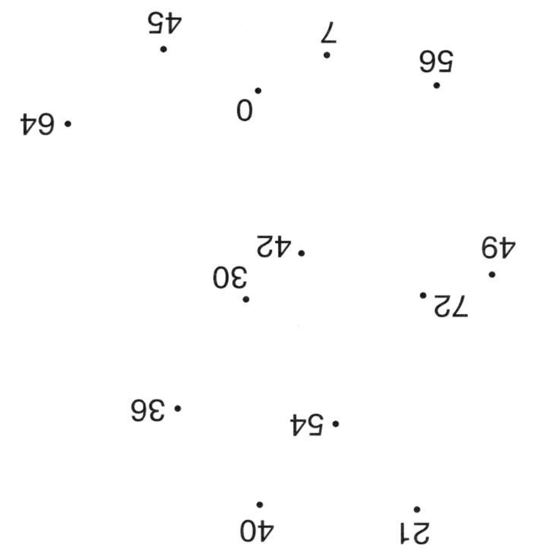

Male alle Felder mit richtig gelösten Rechnungen aus.

9 : 3 · 8 = 24
0 : 3 · 7 = 0
6 : 3 · 2 = 4
3 : 3 · 9 = 9
15 : 3 · 5 = 25
18 : 3 · 9 = 54
27 : 3 · 7 = 63
21 : 3 · 6 = 42
12 : 3 · 4 = 4
9 : 3 · 9 = 27
30 : 3 · 4 = 40
3 : 3 · 5 = 0
21 : 3 · 7 = 48
24 : 3 · 5 = 45
30 : 3 · 5 = 25
27 : 3 · 8 = 64
9 : 3 · 5 = 20
12 : 3 · 4 = 18
21 : 3 · 7 = 54
18 : 3 · 8 = 48
3 : 3 · 9 = 9
24 : 3 · 7 = 49

- 3 -

27 : 3 = ____
21 : 3 = ____
12 : 3 = ____
30 : 3 = ____
18 : 3 = ____
9 : 3 = ____
3 : 3 = ____
24 : 3 = ____
15 : 3 = ____
6 : 3 = ____

- 4 -

7 — 14 ◇ 24 : 3
9 — 11 ◇ 15 : 3
7 — 17 ◇ 27 : 3
8 — 13 ◇ 18 : 3
6 — 12 ◇ 12 : 3
8 — 19 ◇ 30 : 3
6 — 13 ◇ 9 : 3
5 — 12 ◇ 21 : 3

<   =   >

- 5 -

____ : 3 = 2
24 : 3 = 8
3 : 3 = 1
21 : ____ = 10
12 : 3 = 4
____ : 3 = 6
0 : 3 = 3
____ : 3 = 5
27 : ____ = 9

- 6 -

Verbinde die Punkte in der Reihenfolge der Ergebnisse.

24 : 3 · 8 =
15 : 3 · 9 =
3 : 3 · 7 =
27 : 3 · 8 =
18 : 3 · 5 =
12 : 3 · 9 =
30 : 3 · 4 =
9 : 3 · 7 =
21 : 3 · 8 =

· 64
· 45
· 36
· 30
· 40
· 0
· 7
· 54
· 42
· 21
· 72
· 49
· 56

- 7 -

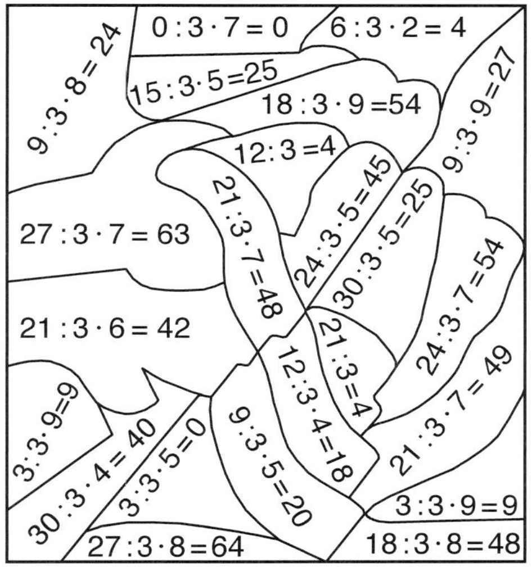

Teilen 4

- 2 -

4 : 4 = ___ ___

8 : 4 = ___ ___

___ ___

___ ___

20 : 4 = ___ 40 : 4 = ___

0 : 4 = ___ 44 : 4 = ___

- 3 -

24 : 4 = ___
36 : 4 = ___
12 : 4 = ___
32 : 4 = ___
20 : 4 = ___
0 : 4 = ___
8 : 4 = ___
28 : 4 = ___
4 : 4 = ___
16 : 4 = ___

- 4 -

< = >

8 : 4 ◇ 17 − 9
36 : 4 ◇ 13 − 5
16 : 4 ◇ 13 − 8
24 : 4 ◇ 15 − 9
20 : 4 ◇ 12 − 6
32 : 4 ◇ 14 − 7
4 : 4 ◇ 11 − 10
28 : 4 ◇ 16 − 9

- 5 -

12 : ___ = 3
___ : 4 = 6
16 : 4 = ___
___ : 4 = 2
20 : ___ = 5
___ : 4 = 0
40 : 4 = ___
28 : ___ = 7
32 : ___ = 8
___ : 4 = 1

- 6 -

Verbinde die Punkte in der Reihenfolge der Ergebnisse.

28 : 4 · 9 = ___
4 : 4 · 7 = ___
16 : 4 · 5 = ___
24 : 4 · 3 = ___
0 : 4 · 10 = ___
36 : 4 · 8 = ___
20 : 4 · 9 = ___
12 : 4 · 9 = ___
32 : 4 · 6 = ___

- 7 -

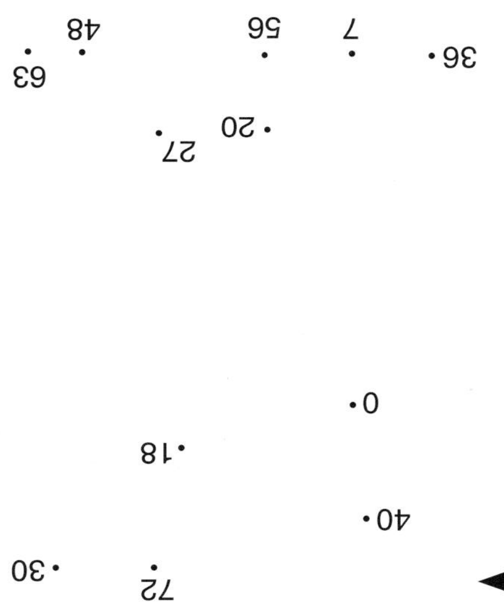
30
72
40
18
0
36
7
56
20
27
48
63

- 8 -

Male alle Felder mit richtig gelösten Rechnungen aus.

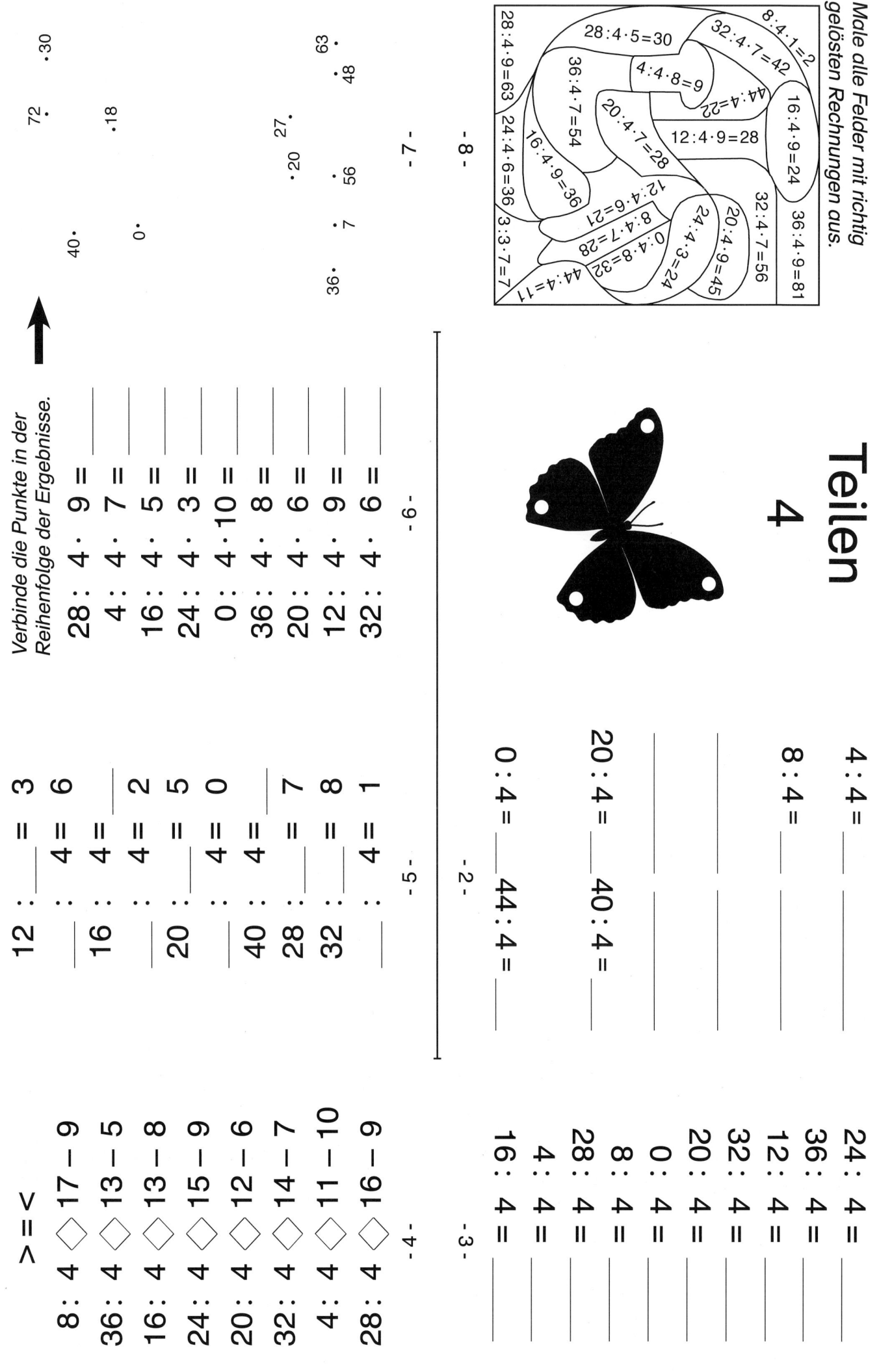

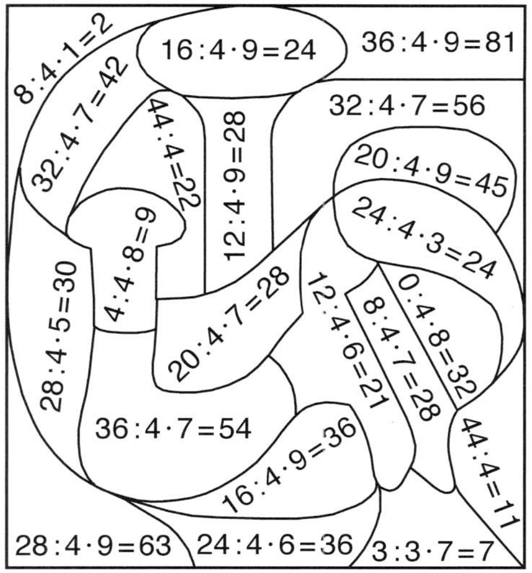
8 : 4 · 1 = 2
16 : 4 · 9 = 24
36 : 4 · 9 = 81
32 : 4 · 7 = 42
44 : 4 = 22
12 : 4 · 9 = 28
32 : 4 · 7 = 56
20 : 4 · 9 = 45
4 : 4 · 8 = 9
24 : 4 · 3 = 24
28 : 4 · 5 = 30
20 : 4 · 7 = 28
12 : 4 · 6 = 21
8 : 4 · 7 = 28
0 : 4 · 8 = 32
36 : 4 · 7 = 54
16 : 4 · 9 = 36
44 : 4 = 11
28 : 4 · 9 = 63
24 : 4 · 6 = 36
3 : 3 · 7 = 7

Teilen 5

Male alle Felder mit richtig gelösten Rechnungen aus.

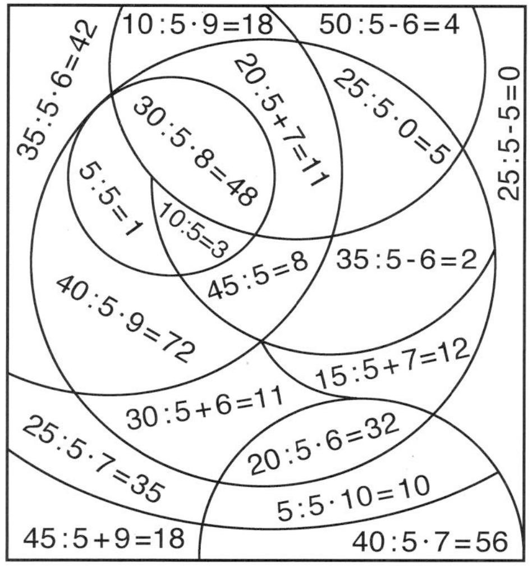

Felder:
- 35 : 5 · 6 = 42
- 10 : 5 · 9 = 18
- 5 : 5 = 1
- 40 : 5 · 9 = 72
- 30 : 5 · 8 = 48
- 20 : 5 + 7 = 11
- 50 : 5 · 6 = 4
- 10 : 5 = 3
- 45 : 5 = 8
- 25 : 5 · 0 = 5
- 25 : 5 · 7 = 35
- 35 = 35
- 30 : 5 + 6 = 11
- 45 : 5 + 7 = 12
- 35 : 5 · 6 = 2
- 45 : 5 + 9 = 18
- 5 : 5 · 10 = 10
- 20 : 5 · 6 = 32
- 25 : 5 - 5 = 0
- 40 : 5 · 7 = 56

-2-

5 : 5 = _____

10 : 5 = _____

25 : 5 = _____   50 : 5 = _____

0 : 5 = _____   55 : 5 = _____

-3-

15 : 5 = _____

30 : 5 = _____

0 : 5 = _____

40 : 5 = _____

20 : 5 = _____

35 : 5 = _____

5 : 5 = _____

45 : 5 = _____

10 : 5 = _____

25 : 5 = _____

-5-

5 : 5 = _____

8 : 5 = _____   _____ : 5 = 40

4 : 5 = _____   _____ : 5 = 20

2 : 5 = _____   _____ : 5 = 50

7 : 5 = _____   _____ : 5 = 35

3 : 5 = _____

5 : 5 = _____   _____ : 5 = 45

1 : 5 = _____

6 : 5 = _____   _____ : 5 = 30

-4-

> = <

5 : 5   ◇   5 - 5

20 : 5   ◇   12 - 6

35 : 5   ◇   14 - 7

45 : 5   ◇   13 - 5

30 : 5   ◇   18 - 9

50 : 5   ◇   17 - 8

10 : 5   ◇   8 - 4

25 : 5   ◇   11 - 6

-6-

30 : 5 · 8 =

0 : 5 · 8 =

20 : 5 · 6 =

5 : 5 · 5 =

35 : 5 · 4 =

15 : 5 · 9 =

40 : 5 · 8 =

25 : 5 · 7 =

45 : 5 · 6 =

Verbinde die Punkte in der Reihenfolge der Ergebnisse.

Punkte: -7-   -8-   63   64   48   54   45   35   32   28   24   27   8   0   5

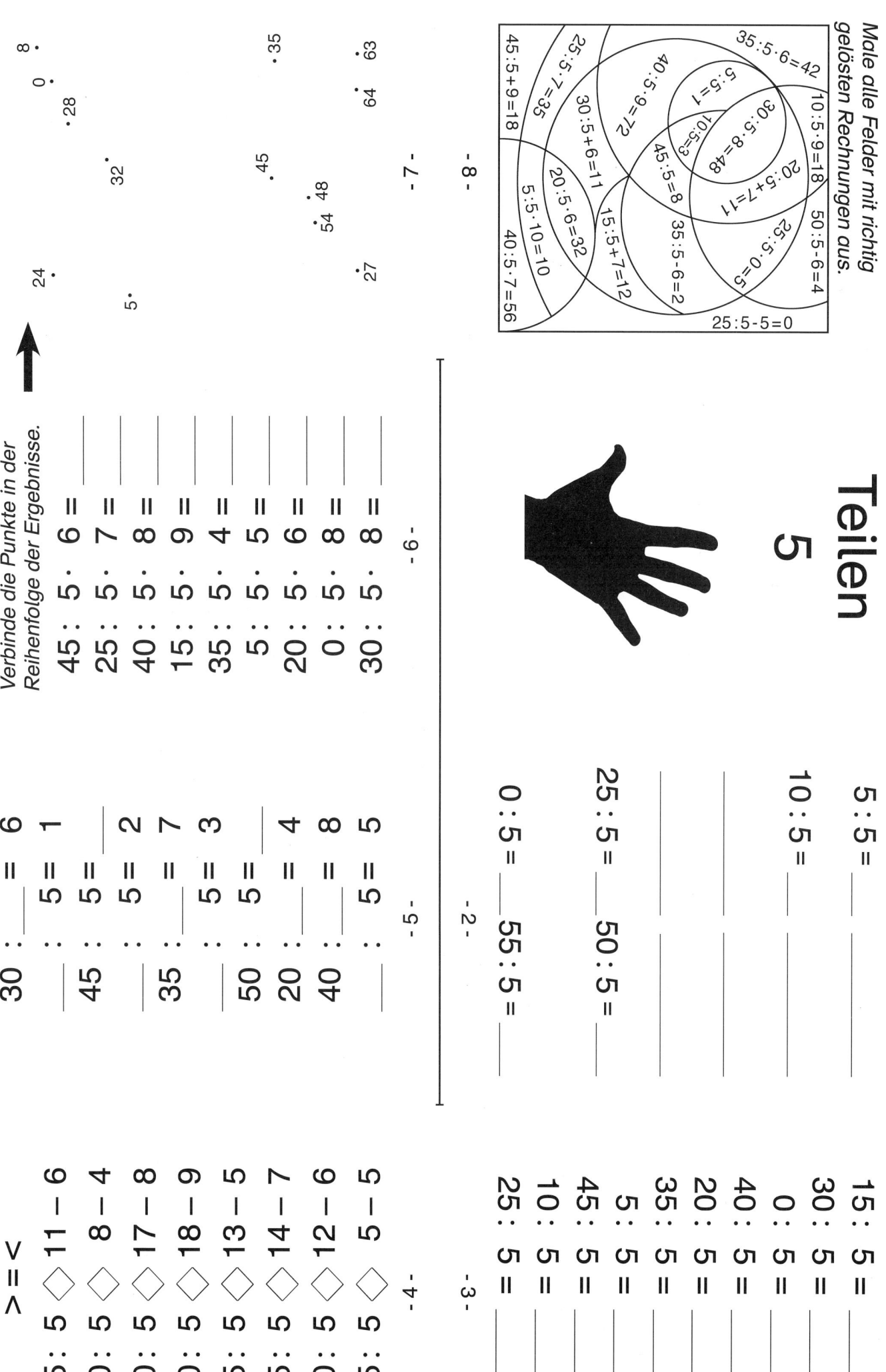

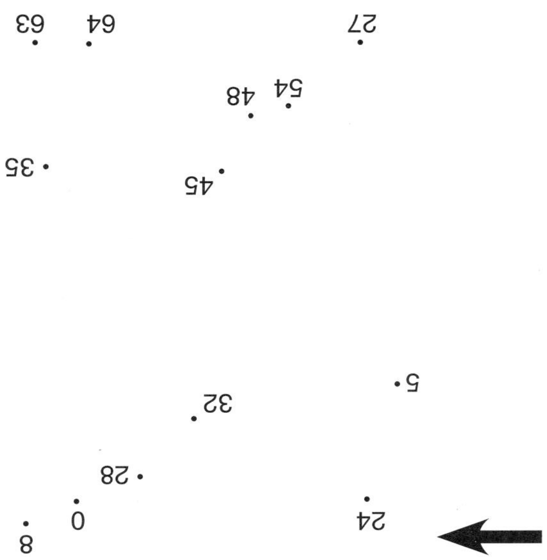

Teilen
6

Male alle Felder mit richtig gelösten Rechnungen aus.

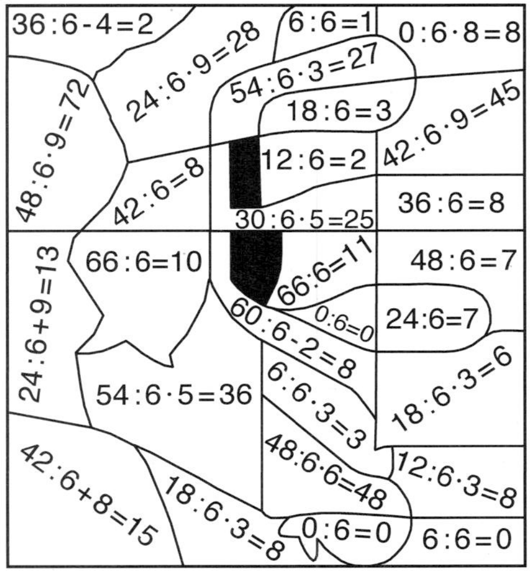

36 : 6 - 4 = 2
6 : 6 = 1
0 : 6 · 8 = 8
24 : 6 · 9 = 28
54 : 6 · 3 = 27
18 : 6 = 3
48 : 6 · 9 = 72
42 : 6 · 9 = 45
12 : 6 = 2
42 : 6 = 8
36 : 6 = 8
30 : 6 · 5 = 25
66 : 6 = 10
66 : 6 = 11
48 : 6 = 7
24 : 6 + 9 = 13
0 : 6 = 0
24 : 6 = 7
60 : 6 - 2 = 8
54 : 6 · 5 = 36
6 : 6 · 3 = 3
18 : 6 · 3 = 6
48 : 6 · 6 = 48
12 : 6 · 3 = 8
42 : 6 + 8 = 15
18 : 6 · 3 = 8
0 : 6 = 0
6 : 6 = 0

- 8 -

6 : 6 = ___ ______

12 : 6 = ___ ______

______ ______

______ ______

30 : 6 = ___ 60 : 6 = ___

0 : 6 = ___ 66 : 6 = ___

- 2 -

30 : 6 = ___
48 : 6 = ___
6 : 6 = ___
24 : 6 = ___
60 : 6 = ___
36 : 6 = ___
12 : 6 = ___
54 : 6 = ___
42 : 6 = ___
18 : 6 = ___

- 3 -

< = >

36 : 6 ◇ 11 − 6
54 : 6 ◇ 13 − 4
6 : 6 ◇ 7 − 7
42 : 6 ◇ 16 − 9
12 : 6 ◇ 9 − 8
48 : 6 ◇ 15 − 6
30 : 6 ◇ 14 − 9
60 : 6 ◇ 13 − 5

- 4 -

18 : ___ = 3
___ : 6 = 6
48 : 6 = ___
___ : 6 = 0
6 : ___ = 1
___ : 6 = 7
12 : 6 = ___
24 : ___ = 4
30 : ___ = 5
___ : 6 = 9

- 5 -

Verbinde die Punkte in der Reihenfolge der Ergebnisse.

42 : 6 · 4 = ______
18 : 6 · 7 = ______
12 : 6 · 9 = ______
54 : 6 · 5 = ______
30 : 6 · 7 = ______
24 : 6 · 4 = ______
48 : 6 · 7 = ______
6 : 6 · 5 = ______
36 : 6 · 4 = ______

- 6 -

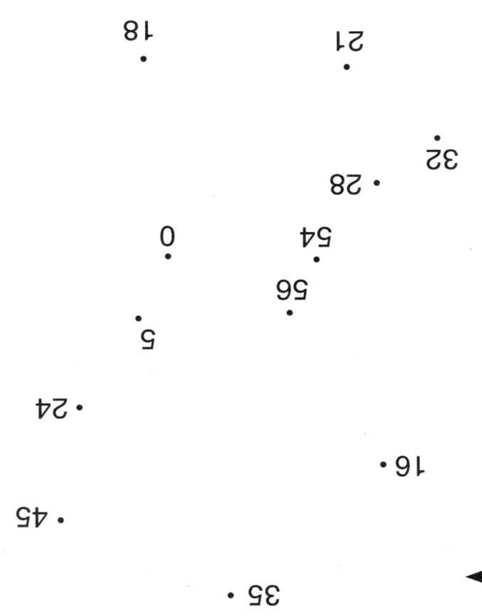

35
45
16
24
5
56
54
0
28
32
21
18

- 7 -

Teilen 7

42:7·5=25
28:7·9=32
77:7·1=12
49:7·0=7
7:7·1=1
49:7·8=54
21:7·9=28
35:7·8=54
21:7·3=12
0:7·3=21
14:7·9=45
63:7·9=81
56:7·3=24
14:7·10=20
49:7·3=21
70:7·10=100
21:7·8=24
7:7·8=9
14:7·8=18
56:7·4=18
28:7·4=24
35:7·8=80
14:7=3
28:7·3=9

- 2 -

7:7 = _____

14:7 = _____

35:7 = _____   70:7 = _____

0:7 = _____   77:7 = _____

- 3 -

21:7 = _____
56:7 = _____
42:7 = _____
7:7 = _____
63:7 = _____
28:7 = _____
49:7 = _____
14:7 = _____
70:7 = _____
35:7 = _____

- 4 -

21:7 ◇ 13 – 9
35:7 ◇ 16 – 8
28:7 ◇ 10 – 7
42:7 ◇ 14 – 7
49:7 ◇ 12 – 5
63:7 ◇ 15 – 8
70:7 ◇ 13 – 3
56:7 ◇ 11 – 2

> = <

- 5 -   - 6 -

21 : 7 · 5 = _____ : 7 = 7
49 : 7 · 4 = _____ : 7 = 10
14 : 7 · 9 = _____ : 7 = 3
42 : 7 · 8 = _____ : 7 = 4
7 : 7 · 4 = _____ : 7 = 1
63 : 7 · 6 = _____ : 7 = 0
35 : 7 · 8 = _____ : 7 = 2
56 : 7 · 4 = _____ : 7 = 5
28 : 7 · 9 = _____ : 7 = 35

(21 · 70 · 56 · 28 · 63)

- 7 -   - 8 -

Verbinde die Punkte in der Reihenfolge der Ergebnisse.

54 · 40 · 45 · 35 · 32 · 18 · 15 · 36 · 0 · 4 · 48 · 81 · 28

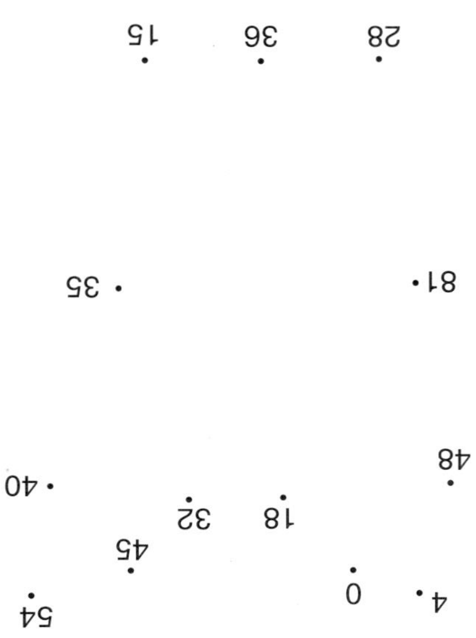

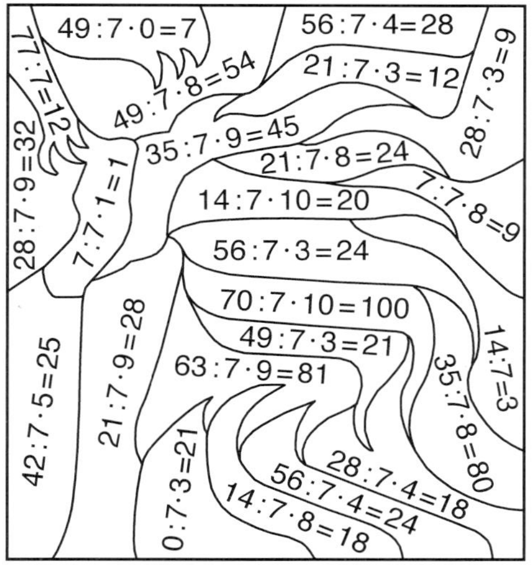

Teilen
8

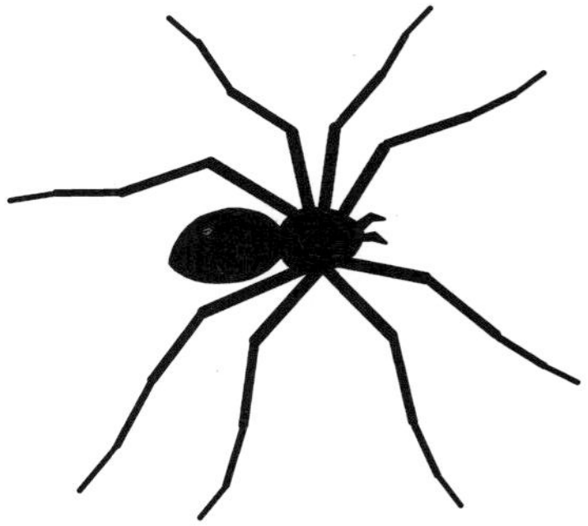

Male alle Felder mit richtig gelösten Rechnungen aus.

Felder:
- 88:8=11
- 72:8·7=63
- 0:8+4=12
- 32:8·9=36
- 48:8+7=13
- 56:8+9=16
- 32:8+10=13
- 64:8·5=40
- 8:8+9=10
- 16:8·3=6
- 72:8·9=72
- 8:8·8=16
- 40:8·7=45
- 72:8+7=15
- 24:8·7=21
- 56:8·7=48
- 80:8+7=27
- 32:8·0=4
- 64:8+7=56

- 8 -

8 : 8 = _____

16 : 8 = _____

48 : 8 + 7 = 13

- 7 -

- 2 -

40 : 8 = _____   80 : 8 = _____

0 : 8 = _____   88 : 8 = _____

- 3 -

16 : 8 = _____
48 : 8 = _____
32 : 8 = _____
64 : 8 = _____
8 : 8 = _____
72 : 8 = _____
40 : 8 = _____
24 : 8 = _____
56 : 8 = _____
0 : 8 = _____

Verbinde die Punkte in der Reihenfolge der Ergebnisse.

- 6 -

56 : 8 · 7 = _____
24 : 8 · 9 = _____
80 : 8 · 6 = _____
64 : 8 · 9 = _____
8 : 8 · 7 = _____
32 : 8 · 6 = _____
72 : 8 · 4 = _____
16 : 8 · 9 = _____
48 : 8 · 7 = _____

Punkte: 24 48 7 0 72 49 32 27 42 36 28 60 81 18 63

- 5 -

72 : _____ = 1
_____ : 8 = 9
_____ : 8 = 4
32 : _____ = 2
80 : _____ = _____
56 : 8 = 0
_____ : 8 = 7
40 : _____ = 3
64 : _____ = 8

- 4 -

< = >

6 − 12 ◇ 24 : 8
8 − 15 ◇ 48 : 8
9 − 10 ◇ 8 : 8
6 − 14 ◇ 64 : 8
7 − 17 ◇ 40 : 8
8 − 16 ◇ 0 : 8
8 − 21 ◇ 56 : 8
8 − 11 ◇ 32 : 8

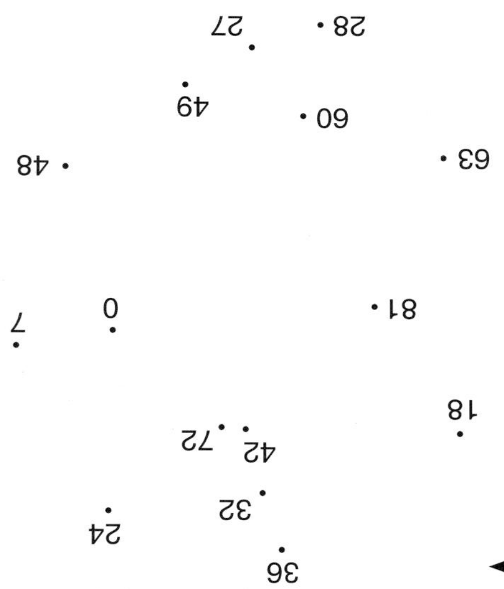

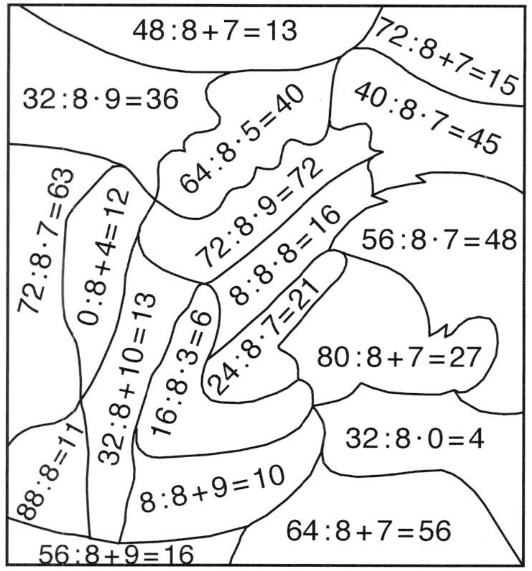

Teilen
9

9 : 9 = ___ ______

18 : 9 = ___ ______

______ ______

______ ______

45 : 9 = ___ 90 : 9 = ___

0 : 9 = ___ 99 : 9 = ___

- 2 -

54 : 9 = ______
27 : 9 = ______
81 : 9 = ______
9 : 9 = ______
72 : 9 = ______
36 : 9 = ______
90 : 9 = ______
18 : 9 = ______
63 : 9 = ______
45 : 9 = ______

- 3 -

Male alle Felder mit richtig gelösten Rechnungen aus.

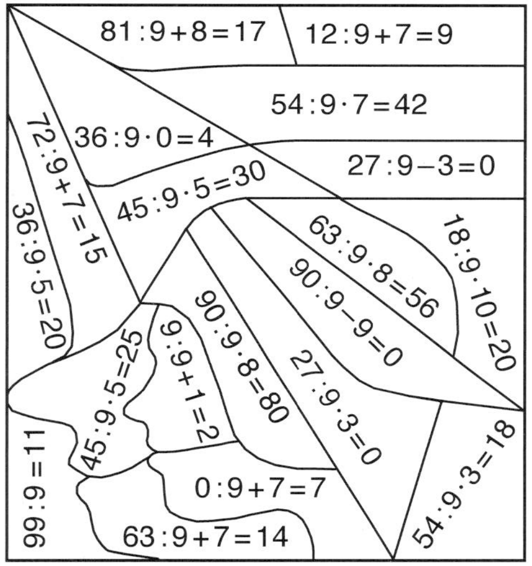
81 : 9 + 8 = 17
12 : 9 + 7 = 9
54 : 9 · 7 = 42
72 : 9 + 7 = 15
36 : 9 · 0 = 4
27 : 9 − 3 = 0
45 : 9 · 5 = 30
36 : 9 · 5 = 20
63 : 9 · 8 = 56
18 : 9 · 10 = 20
90 : 9 − 9 = 0
90 : 9 · 8 = 80
27 : 9 · 3 = 0
45 : 9 · 5 = 25
9 : 9 + 1 = 2
99 : 9 = 11
0 : 9 + 7 = 7
54 : 9 · 3 = 18
63 : 9 + 7 = 14

- 8 -

> = <

27 : 9 ◇ 14 − 7
54 : 9 ◇ 12 − 7
72 : 9 ◇ 17 − 9
9 : 9 ◇ 9 − 9
36 : 9 ◇ 12 − 8
63 : 9 ◇ 15 − 9
18 : 9 ◇ 7 − 4
45 : 9 ◇ 10 − 5

- 4 -

36 : ___ = 4
___ : 9 = 2
0 : 9 = ___
___ : 9 = 5
27 : ___ = 3
___ : 9 = 8
9 : 9 = ___
90 : ___ = 10
54 : ___ = 6
___ : 9 = 7

- 5 -

Verbinde die Punkte in der Reihenfolge der Ergebnisse.

63 : 9 · 8 = ______
27 : 9 · 5 = ______
45 : 9 · 7 = ______
81 : 9 · 4 = ______
9 : 9 · 10 = ______
72 : 9 · 6 = ______
54 : 9 · 7 = ______
36 : 9 · 8 = ______
18 : 9 · 7 = ______

- 6 -

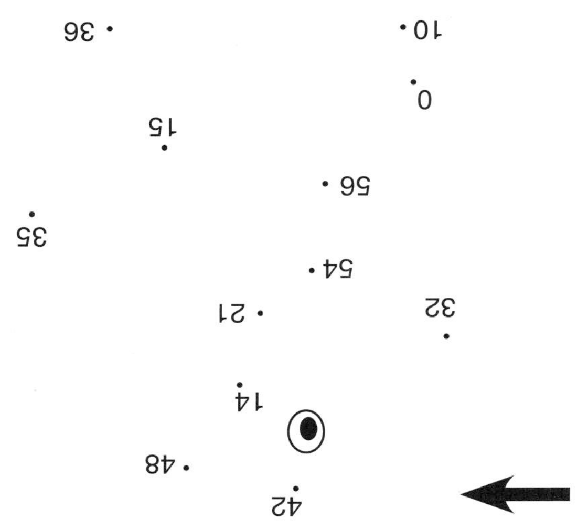
35
36
48
15
21
14
42
54
56
32
0
10

- 7 -

Teilen 10

10 : 10 = ___ ______

20 : 10 = ___ ______

______ ______

______ ______

50 : 10 = ___ 10 : 10 = ___

0 : 10 = ___ 110 : 10 = ___

80 : 10 = ______
40 : 10 = ______
90 : 10 = ______
30 : 10 = ______
60 : 10 = ______
10 : 10 = ______
100 : 10 = ______
50 : 10 = ______
20 : 10 = ______
70 : 10 = ______

$>$ = $<$

60 : 10 ◇ 15 − 8
90 : 10 ◇ 18 − 9
40 : 10 ◇ 11 − 8
70 : 10 ◇ 13 − 7
100 : 10 ◇ 19 − 8
30 : 10 ◇ 13 − 10
80 : 10 ◇ 14 − 5
50 : 10 ◇ 12 − 9

40 : ___ = 4
___ : 10 = 7
50 : 10 = ___
___ : 10 = 9
100 : ___ = 10
___ : 10 = 3
0 : 10 = ___
20 : ___ = 2
80 : ___ = 8
___ : 10 = 1

Verbinde die Punkte in der Reihenfolge der Ergebnisse.

70 : 10 · 5 = ______
30 : 10 · 5 = ______
90 : 10 · 5 = ______
50 : 10 · 5 = ______
20 : 10 · 5 = ______
100 : 10 · 5 = ______
60 : 10 · 5 = ______
40 : 10 · 5 = ______
80 : 10 · 5 = ______

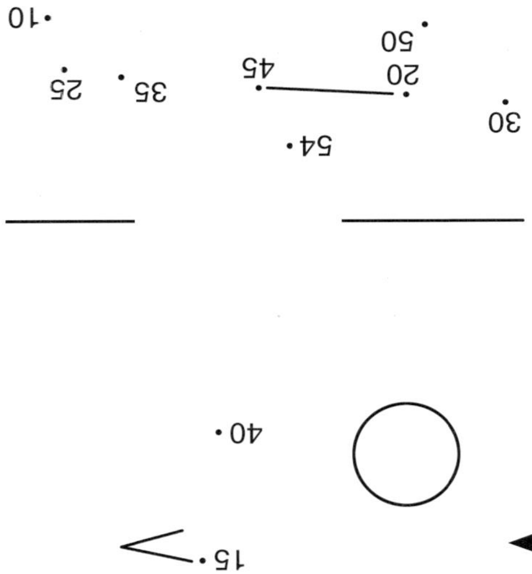

Male alle Felder mit richtig gelösten Rechnungen aus.

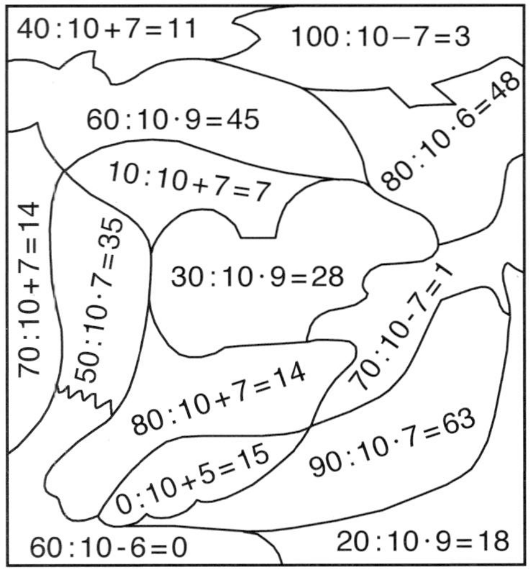

Verteile gerecht

Male die Kugeln mit verschiedenen Farben so aus, dass jedes Kind gleich viele von seiner Farbe bekommt.

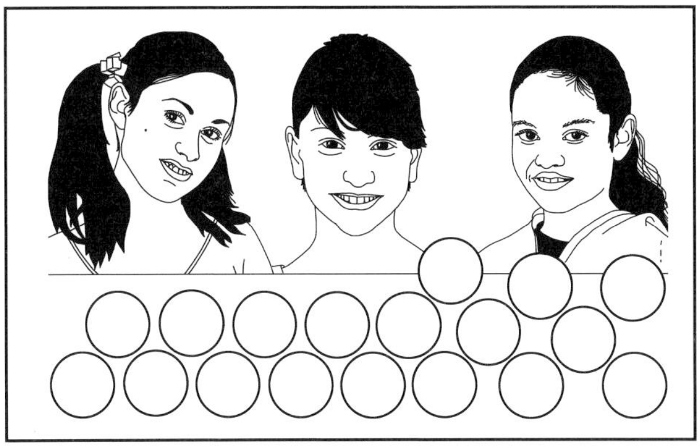

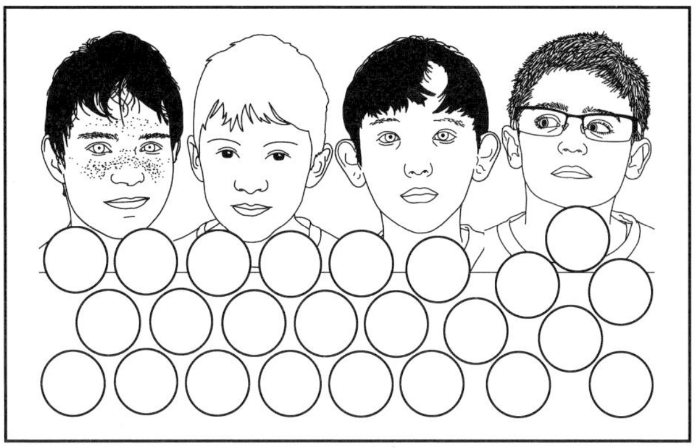

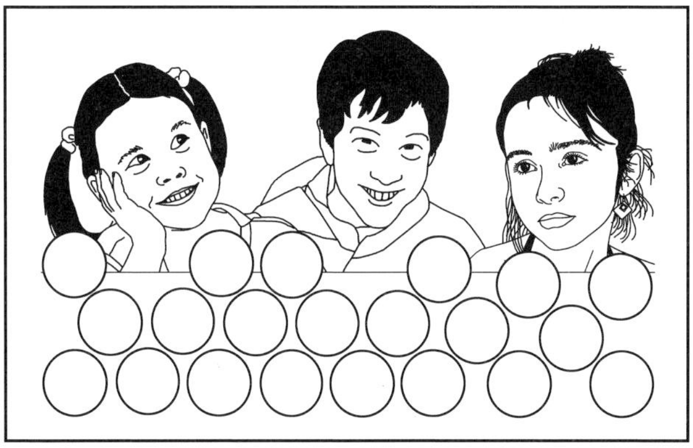

Verteile die Wurst

Zähle die Abschnitte der Wurst. Verteile sie gerecht auf die abgebildeten Personen.
Male die Abschnitte mit verschiedenen Farben aus.
Schreibe jeweils die Rechnung dazu.

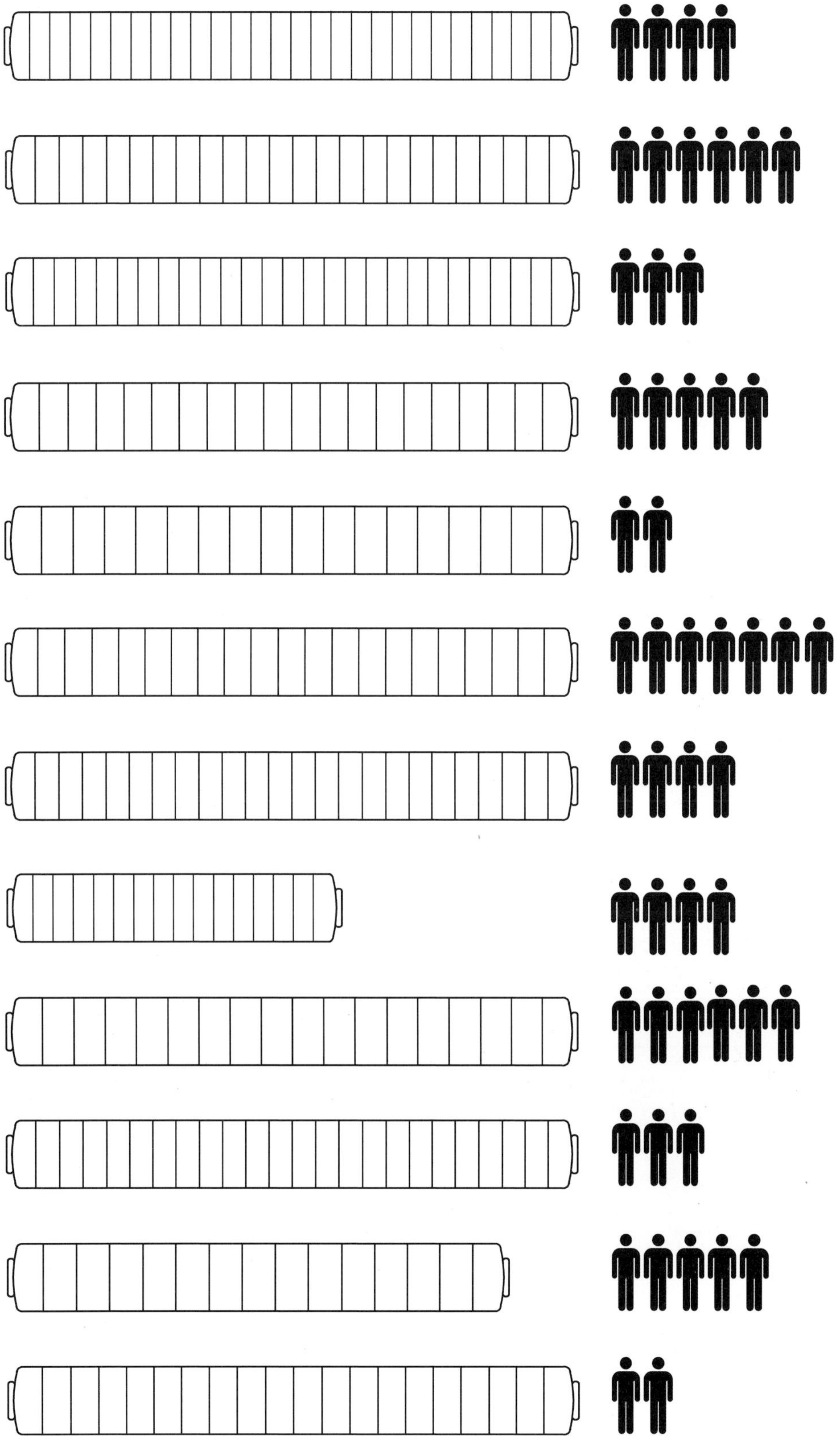

____ : ____ = ____

____ : ____ = ____

____ : ____ = ____

____ : ____ = ____

____ : ____ = ____

____ : ____ = ____

____ : ____ = ____

____ : ____ = ____

____ : ____ = ____

____ : ____ = ____

____ : ____ = ____

____ : ____ = ____

Wie viele Farben?

Zähle die kleinen Quadrate.
Male stets so viele in der gleichen Farbe aus, wie angegeben ist.
Stelle fest, wie viele verschiedene Farben du benötigt hast.
Notiere darunter die Rechnung.

9
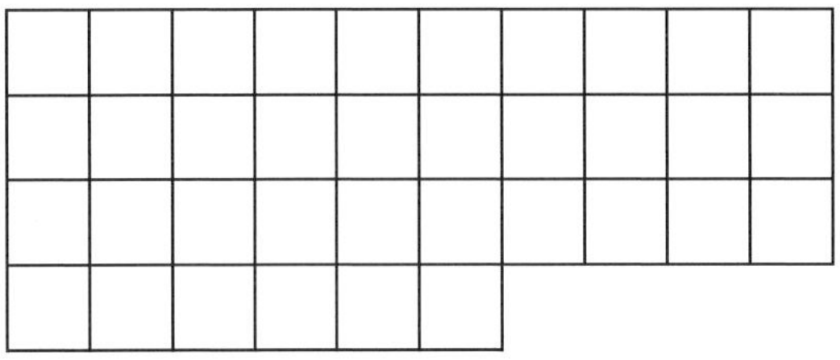

___ : 9 = ___

4
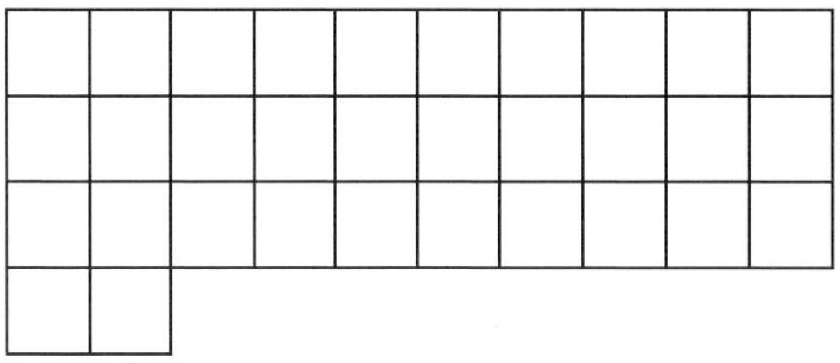

___ : ___ = ___

7
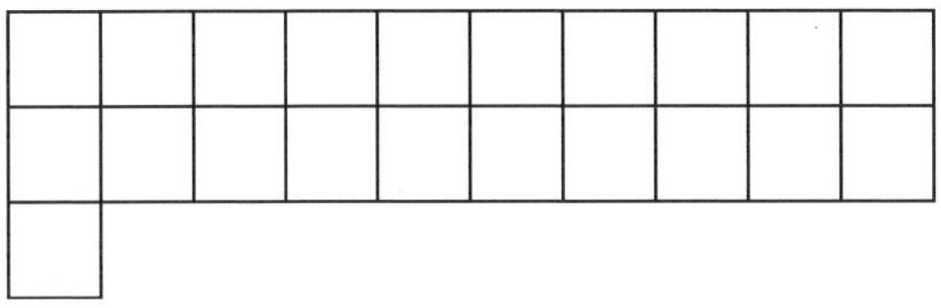

___ : ___ = ___

6
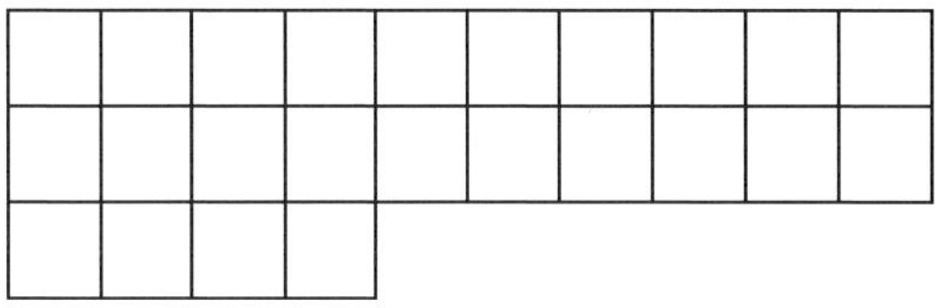

___ : ___ = ___

9
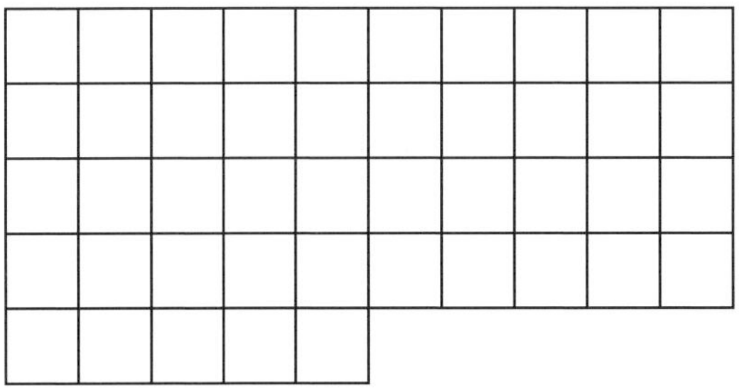

___ : ___ = ___

7
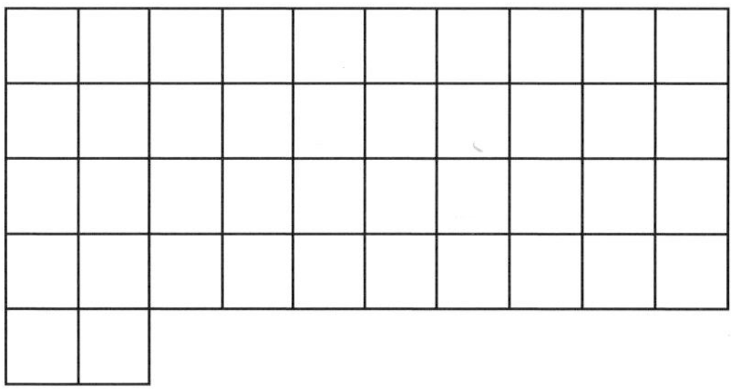

___ : ___ = ___

5
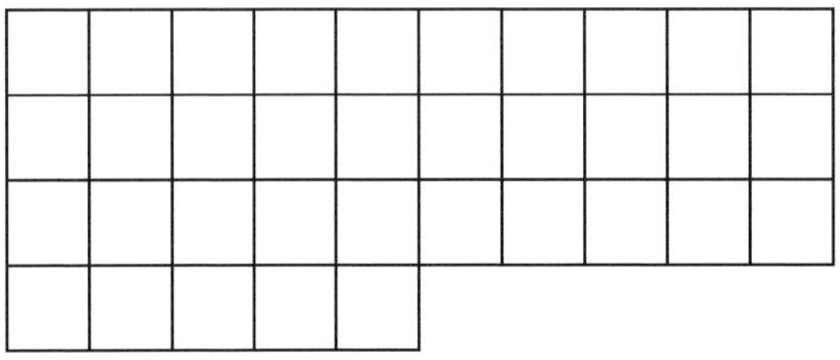

___ : ___ = ___

8
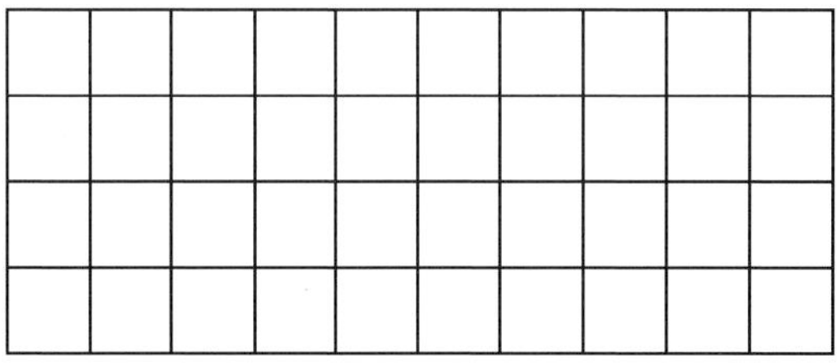

___ : ___ = ___

3
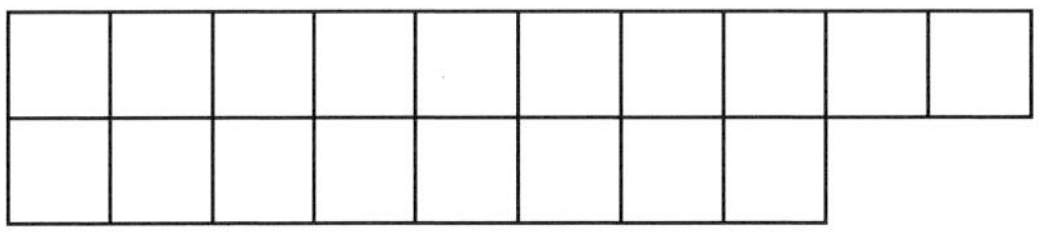

___ : ___ = ___

4
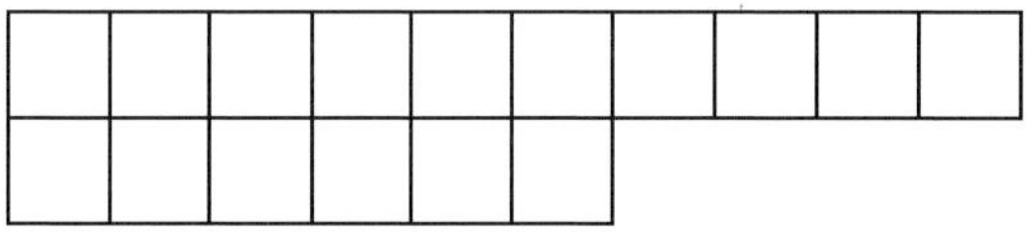

___ : ___ = ___

Verflixte 0 und 1

Alle Rechnungen haben etwas mit den Zahlen 0 oder 1 zu tun.
Setze die fehlenden Zahlen ein.
Male das Herz hellblau, wenn du die 0 eingesetzt hast.
Male das Herz rot, wenn du die 1 eingesetzt hast.
Wenn du eine andere Zahl eingesetzt hast, bleibt das Herz weiß.

7 : 1 = ___

___ : 6 = 0

8 : 8 = ___

0 : 9 = ___

4 : ___ = 1

10 : 10 = ___

___ : 1 = 5

___ : 1 = 1

___ : 5 = 0

6 : 6 = ___

8 : 1 = ___

0 : 7 = ___

7 : 7 = ___

___ : 1 = 3

___ : 10 = 1

___ : 2 = 0

5 : 1 = ___

9 : ___ = 1

9 : ___ = 9

3 : ___ = 1

10 : ___ = 1

___ : 8 = 1

___ : 1 = 2

___ : 1 = 4

1 : 1 = ___

Teilen 2

Löse zuerst alle Aufgaben.
Verbinde die Punkte in der Reihenfolge der Ergebnisse.

18 : 2 = ____	16 : 2 + 7 = ____	14 : 2 · 7 = ____
10 : 2 = ____	12 : 2 + 8 = ____	18 : 2 · 5 = ____
2 : 2 = ____	8 : 2 + 7 = ____	12 : 2 · 8 = ____
14 : 2 = ____	18 : 2 + 9 = ____	8 : 2 · 8 = ____
6 : 2 = ____	14 : 2 + 6 = ____	16 : 2 · 5 = ____
16 : 2 = ____	6 : 2 + 9 = ____	10 : 2 · 7 = ____
4 : 2 = ____	20 : 2 + 7 = ____	6 : 2 · 8 = ____
12 : 2 = ____	10 : 2 + 11 = ____	18 : 2 · 6 = ____
8 : 2 = ____	2 : 2 + 20 = ____	14 : 2 · 6 = ____
0 : 2 = ____	12 : 2 + 30 = ____	10 : 2 · 6 = ____
20 : 2 = ____	18 : 2 + 20 = ____	16 : 2 · 7 = ____

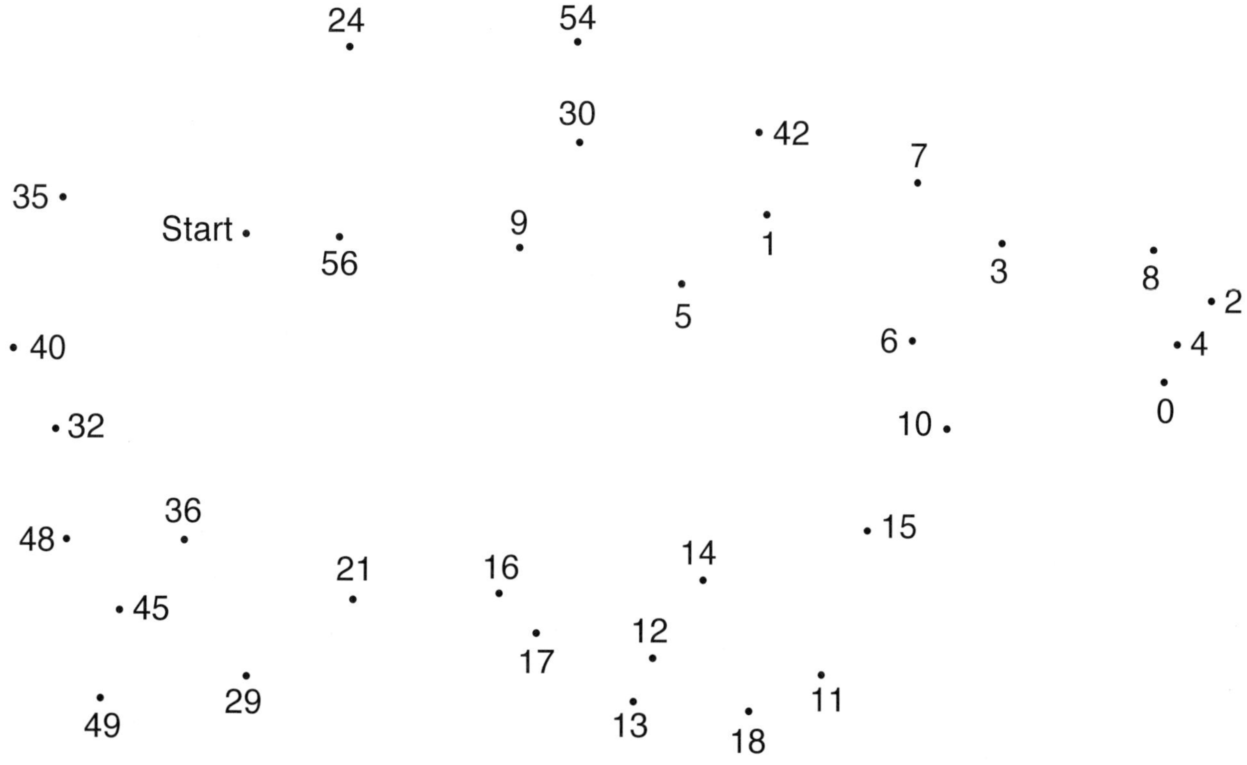
24
54
30
42
7
35
Start
56
9
1
3
8
2
5
6
4
40
0
32
10
36
48
15
21
16
14
45
12
17
29
11
49
13
18

Teilen 3

Schreibe die fehlenden Zahlen auf die Linien.

9 : 3 = 10 – ____
12 : 3 = 12 – ____
30 : 3 = 10 – ____
18 : 3 = 15 – ____
27 : 3 = 11 – ____
15 : 3 = 13 – ____
21 : 3 = 12 – ____
3 : 3 = 10 – ____
24 : 3 = 15 – ____
0 : 3 = 9 – ____
6 : 3 = 6 – ____

Verbinde die Rechnungen mit dem passenden Ergebnis.

18 : 3 · 4 •	• 14
27 : 3 · 6 •	• 48
6 : 3 · 7 •	• 40
12 : 3 · 8 •	• 24
24 : 3 · 6 •	• 32
9 : 3 · 7 •	• 8
30 : 3 · 4 •	• 54
0 : 3 · 8 •	• 35
15 : 3 · 7 •	• 63
3 : 3 · 8 •	• 0
21 : 3 · 9 •	• 21

Male alle Felder aus, in denen eine Zahl steht, die durch 3 teilbar ist. Es sind auch Zahlen dabei, die größer sind als 30.

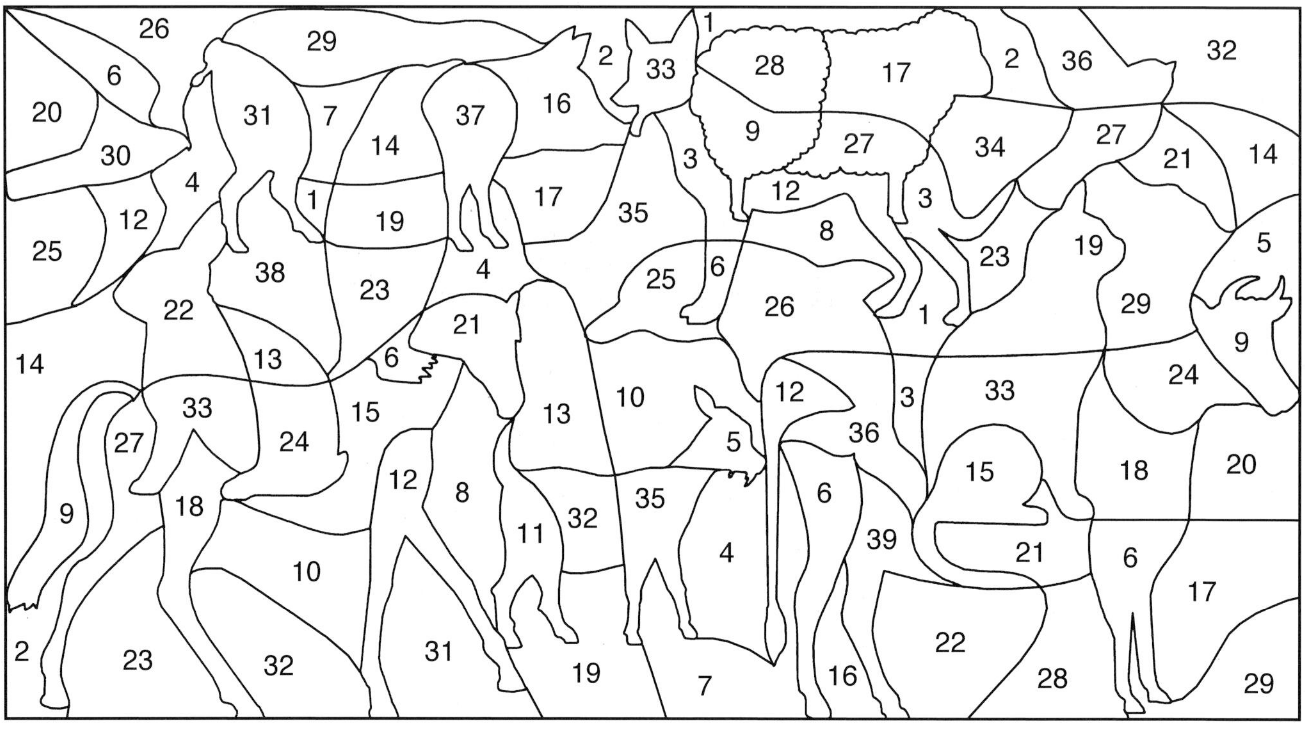

Teilen 4

Löse zuerst alle Aufgaben.
Male dann alle Felder mit den entsprechenden Ergebnissen aus.

$24 : 4 =$ ____

$8 : 4 =$ ____

$32 : 4 =$ ____

$40 : 4 =$ ____

$0 : 4 =$ ____

$28 : 4 =$ ____

$16 : 4 =$ ____

$36 : 4 =$ ____

$4 : 4 =$ ____

$12 : 4 =$ ____

$20 : 4 =$ ____

$16 : 4 \cdot 11 =$ ____

$24 : 4 \cdot 8 =$ ____

$8 : 4 \cdot 3 =$ ____

$20 : 4 \cdot 6 =$ ____

$32 : 4 \cdot 7 =$ ____

$12 : 4 \cdot 9 =$ ____

$28 : 4 \cdot 5 =$ ____

$0 : 4 \cdot 9 =$ ____

$40 : 4 \cdot 5 =$ ____

$36 : 4 \cdot 6 =$ ____

$4 : 4 \cdot 7 =$ ____

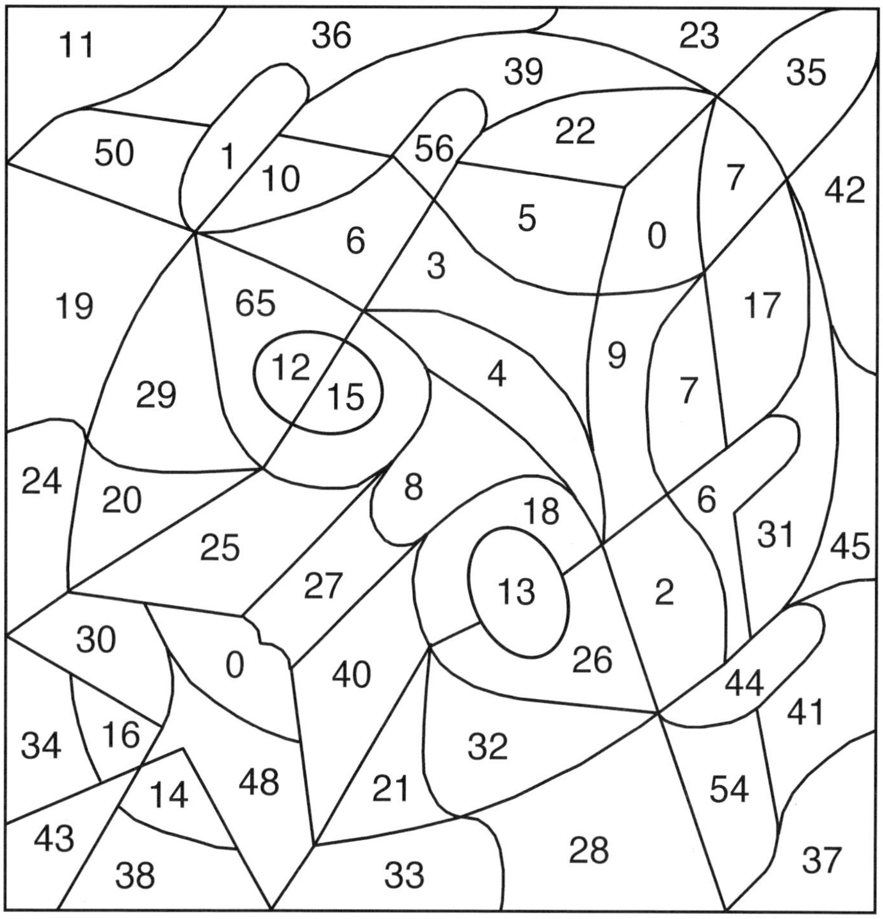

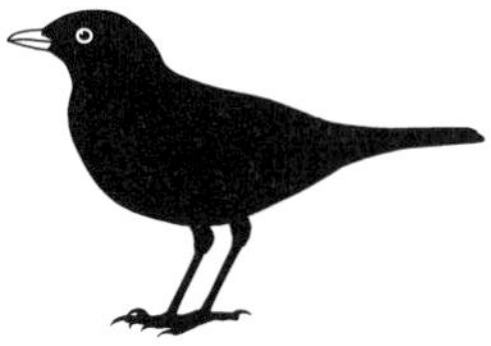

*Übermale die **sieben** Zahlen, die in diesem kurzen Text stecken, mit einer hellen Farbe. Schreibe die Zahlen am rechten Rand auf.*

Gestern hat ein Komponist an seinem Klavier ein neues Lied gemacht.
Zuerst ist er fast verzweifelt. Ihm fiel keins ein.
Erst das Lied einer Amsel, die ganz dreist auf einem Ast vor seinem Fenster saß, konnte ihm helfen. Sein Kind nuckelte unten im Garten friedlich an seinem Schnuller.

Teilen 5

Beginne jede Kettenrechnung beim dunklen Feld.

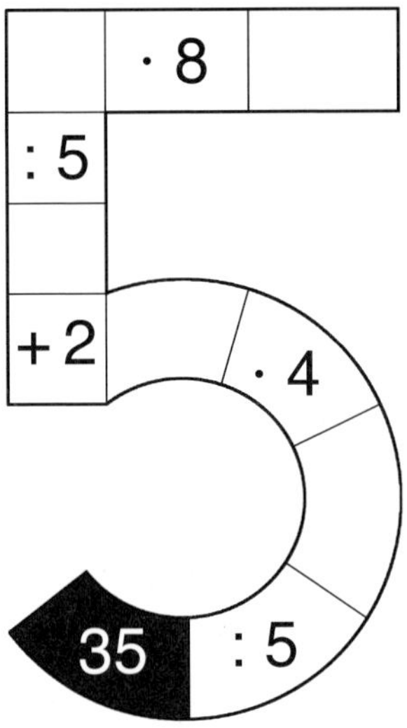

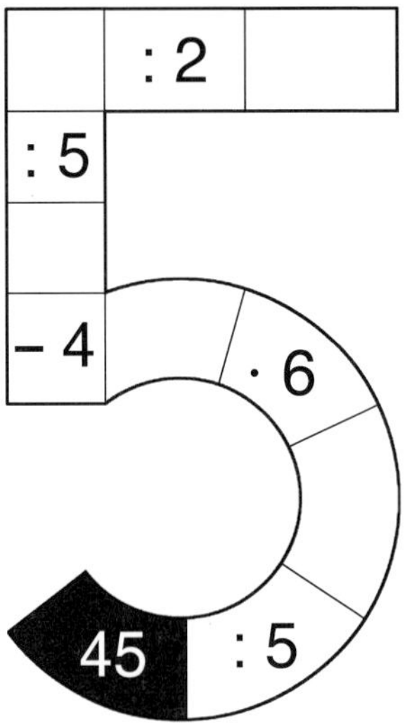

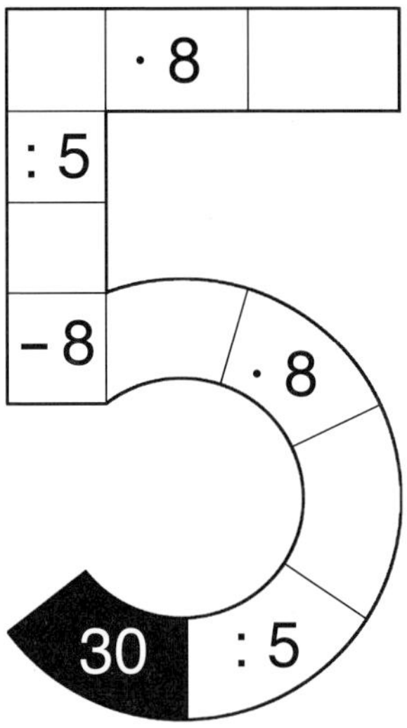

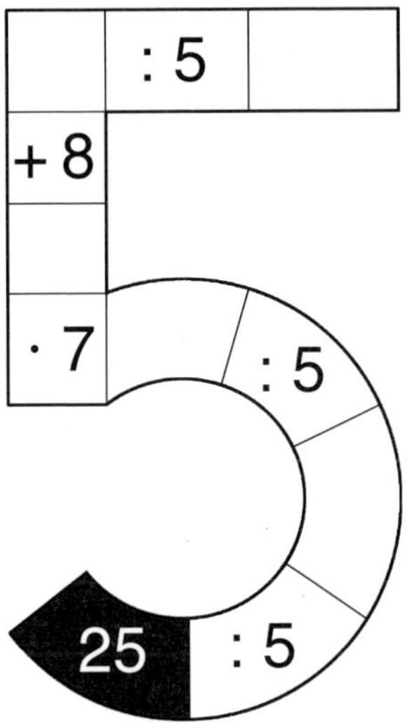

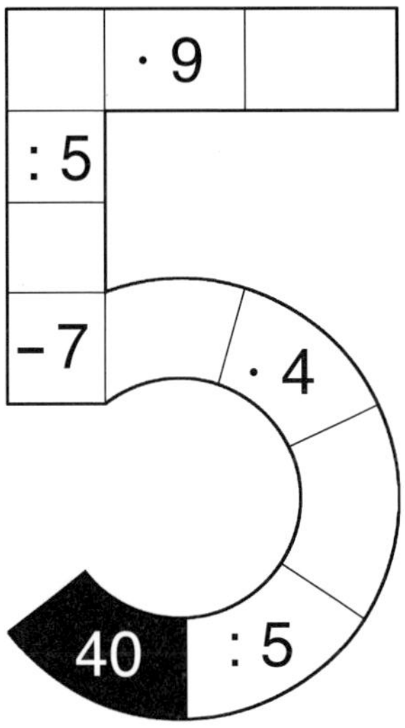

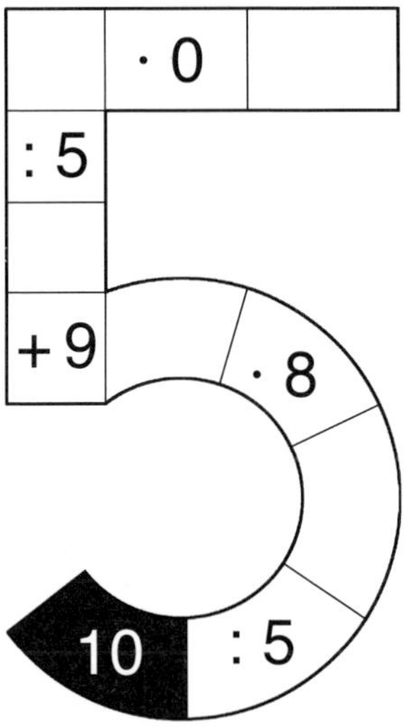

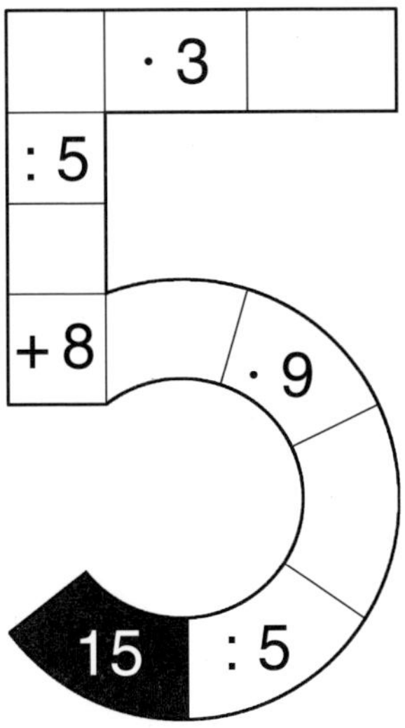

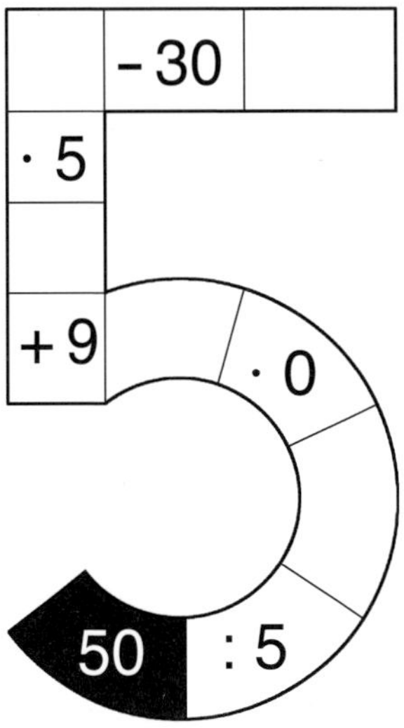

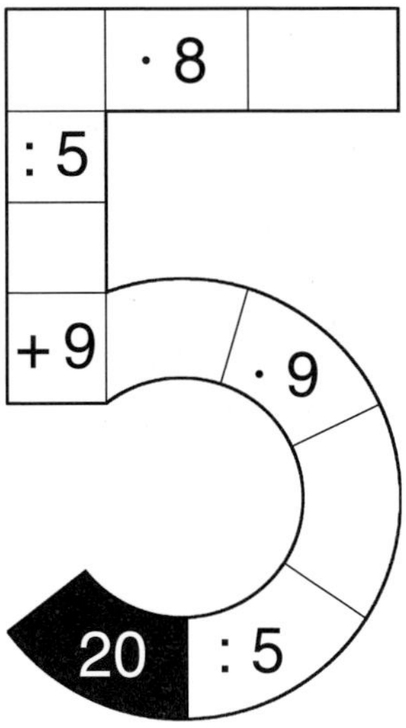

Teilen 6

Du erfährst die Namen der Kinder, wenn du die Buchstaben aus der Liste neben die entsprechenden Ergebnisse schreibst. Lies von oben nach unten oder von unten nach oben. Schreibe die Namen auf.

0 U	3 N	6 K	9 S
1 M	4 O	7 A	10 R
2 E	5 L	8 I	

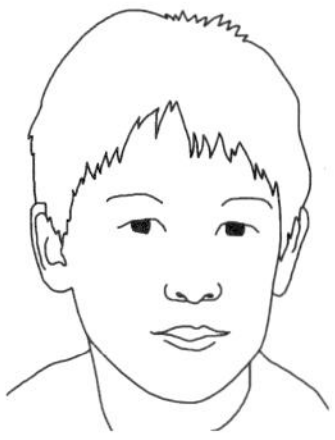

(36 : 6) : 6 = ____
(35 + 7) : 6 = ____
(52 + 8) : 6 = ____
(52 – 4) : 6 = ____
________ (3 · 8) : 6 = ____

(36 + 6) : 6 = ____
(14 – 8) : 6 = ____
(25 + 5) : 6 = ____
(6 + 6) : 6 = ____
________ (61 – 7) : 6 = ____

(35 + 7) : 6 = ____
(9 + 9) : 6 = ____
(6 · 4) : 6 = ____
(39 – 9) : 6 = ____
________ (39 + 9) : 6 = ____

(33 – 3) : 6 = ____
(6 – 6) : 6 = ____
(33 + 3) : 6 = ____
(34 + 8) : 6 = ____
________ (60 – 6) : 6 = ____

(54 + 6) : 6 = ____
(51 – 9) : 6 = ____
(9 · 4) : 6 = ____
(49 + 5) : 6 = ____
________ (31 – 7) : 6 = ____

(41 – 5) : 6 = ____
(49 – 7) : 6 = ____
(53 + 7) : 6 = ____
(44 + 4) : 6 = ____
________ (25 – 7) : 6 = ____

(21 – 9) : 6 = ____
(67 – 7) : 6 = ____
(53 – 5) : 6 = ____
(27 + 9) : 6 = ____
________ (33 + 9) : 6 = ____

(47 + 7) : 6 = ____
(25 + 5) : 6 = ____
(15 – 3) : 6 = ____
(43 + 5) : 6 = ____
________ (11 + 7) : 6 = ____

Teilen 7

Male zuerst bei jeder Aufgabe den kleinen Kreis beim richtigen Ergebnis aus. Verbinde darauf die ausgemalten Kreise mit geraden Linien von oben nach unten.

21 : 7 = _____

35 : 7 = _____

28 : 7 = _____

49 : 7 = _____

42 : 7 = _____

56 : 7 = _____

70 : 7 = _____

63 : 7 = _____

14 : 7 = _____

7 : 7 = _____

(36 − 8) : 7 = _____

(41 − 6) : 7 = _____

(61 − 5) : 7 = _____

(38 + 4) : 7 = _____

(54 + 9) : 7 = _____

(54 − 5) : 7 = _____

(38 + 4) : 7 = _____

(22 + 6) : 7 = _____

(51 − 2) : 7 = _____

(48 + 8) : 7 = _____

(33 + 9) : 7 = _____

(71 − 8) : 7 = _____

(62 − 6) : 7 = _____

(27 + 8) : 7 = _____

(7 − 7) : 7 = _____

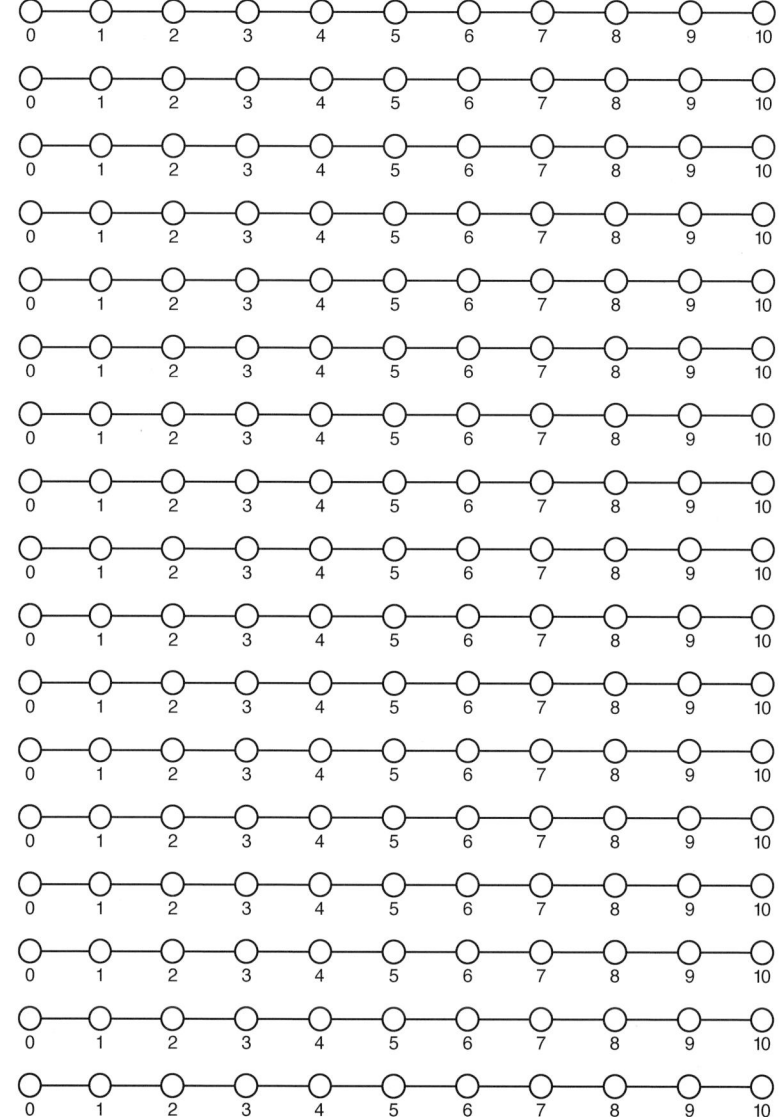

Teilen 8

Löse zuerst alle Aufgaben.
Verbinde die Punkte in der Reihenfolge der Ergebnisse.
Einige Punkte bleiben übrig.

48 : 8 = ____	72 : 8 · 3 = ____	64 : 8 · 6 = ____
16 : 8 = ____	32 : 8 · 7 = ____	56 : 8 · 9 = ____
64 : 8 = ____	40 : 8 · 9 = ____	32 : 8 · 4 = ____
40 : 8 = ____	56 : 8 · 7 = ____	48 : 8 · 9 = ____
0 : 8 = ____	8 : 8 + 20 = ____	72 : 8 · 4 = ____
72 : 8 = ____	80 : 8 · 6 = ____	24 : 8 + 30 = ____
24 : 8 = ____	24 : 8 · 5 = ____	80 : 8 · 5 = ____
56 : 8 = ____	64 : 8 + 9 = ____	16 : 8 + 50 = ____
8 : 8 = ____	0 : 8 + 30 = ____	64 : 8 · 9 = ____
32 : 8 = ____	48 : 8 · 7 = ____	8 : 8 + 40 = ____
80 : 8 = ____	16 : 8 · 9 = ____	40 : 8 · 7 = ____

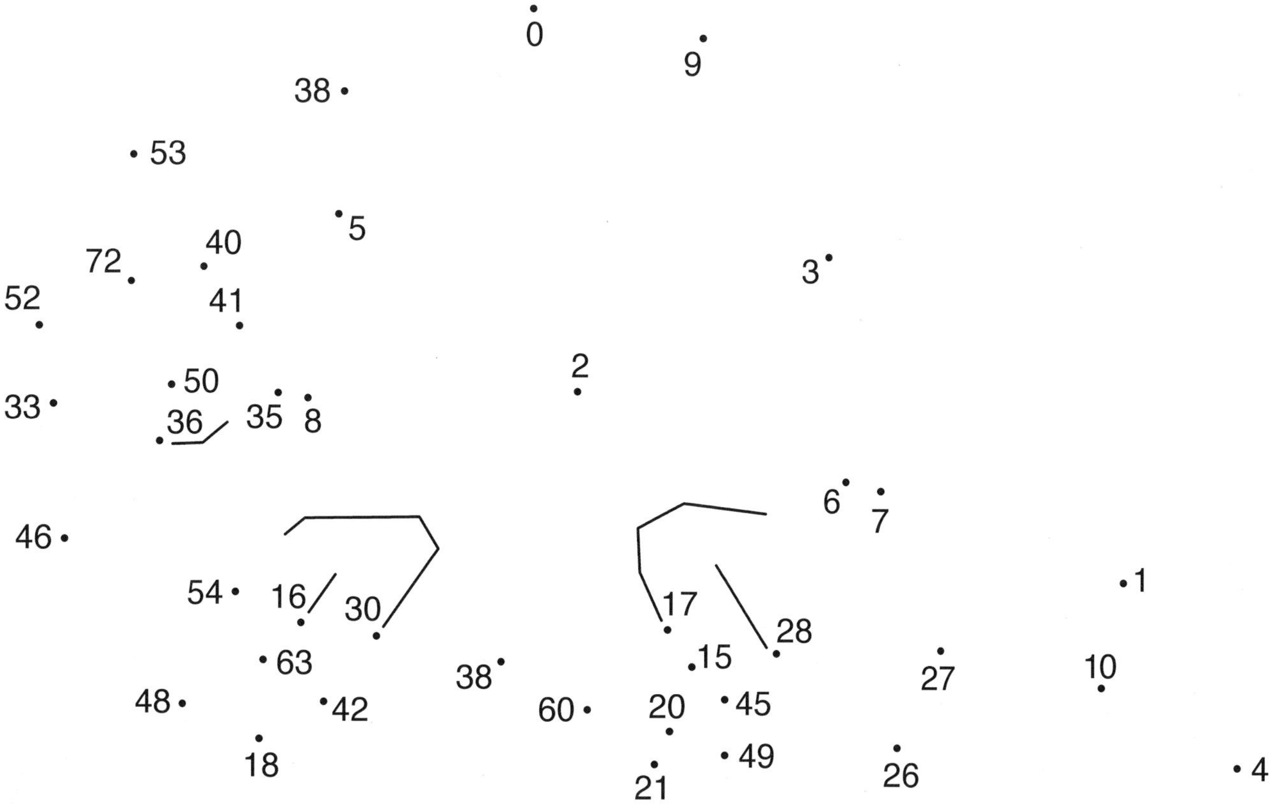

Löse die Aufgaben in den Rechenpfeilen.
Schreibe den passenden Buchstaben aus der Liste in den Kreis an der Spitze.
Schüttle alle benutzten Buchstaben so, dass du ein sinnvolles Wort erhältst.

| $36:9$ | | $\cdot 8$ | | $+40$ | | $:9$ | | $\cdot 6$ | | ◯ |

| $54:9$ | | $\cdot 8$ | | -30 | | $:9$ | | $\cdot 8$ | | ◯ |

| $63:9$ | | $\cdot 5$ | | $+10$ | | $:9$ | | $\cdot 7$ | | ◯ |

| $27:9$ | | $\cdot 7$ | | $+60$ | | $:9$ | | $\cdot 4$ | | ◯ |

| $72:9$ | | $\cdot 7$ | | -20 | | $:9$ | | $\cdot 8$ | | ◯ |

| $90:9$ | | $\cdot 5$ | | -50 | | $:9$ | | $\cdot 8$ | | ◯ |

Lösung:

_____

Buchstabenliste	
0 L	36 M
8 R	40 D
14 A	42 K
16 E	45 O
24 S	48 F
28 T	49 W
32 I	54 H
35 N	56 B

$(\ 80 - \ 8):9 =$ ____
$(\ 50 - \ 5):9 =$ ____
$(\ 40 - \ 4):9 =$ ____
$(\ 70 - \ 7):9 =$ ____
$(\ 20 - \ 2):9 =$ ____
$(100 - 10):9 =$ ____
$(\ 60 - \ 6):9 =$ ____
$(\ 30 - \ 3):9 =$ ____
$(\ 90 - \ 9):9 =$ ____
$(\ 10 - \ 1):9 =$ ____

Ich weiß auch, warum das bei diesen Rechnungen so ist!

Teilen 10

Zähle den Wert aller Kugeln in einem Rohr zusammen.
Teile das Ergebnis durch 10.

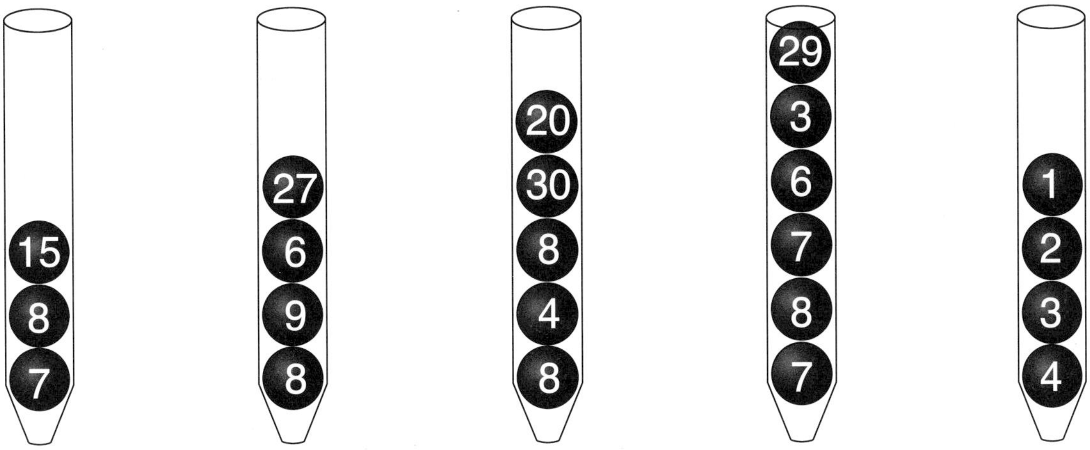

___:10 = ___ ___:10 = ___ ___:10 = ___ ___:10 = ___ ___:10 = ___

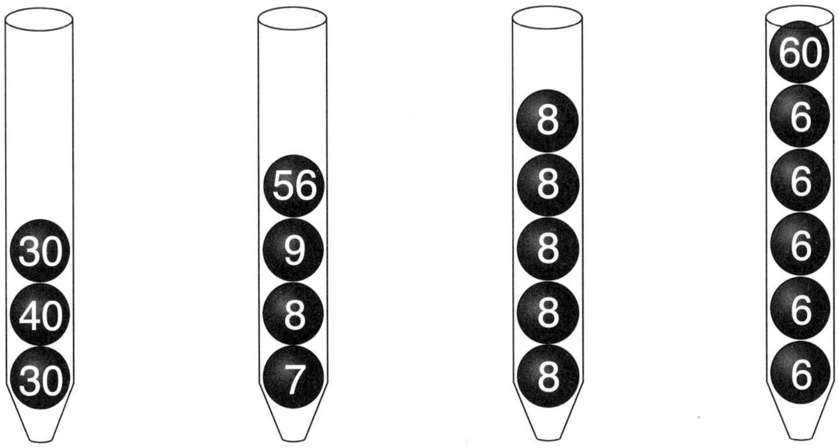

___:10 = ___ ___:10 = ___ ___:10 = ___ ___:10 = ___

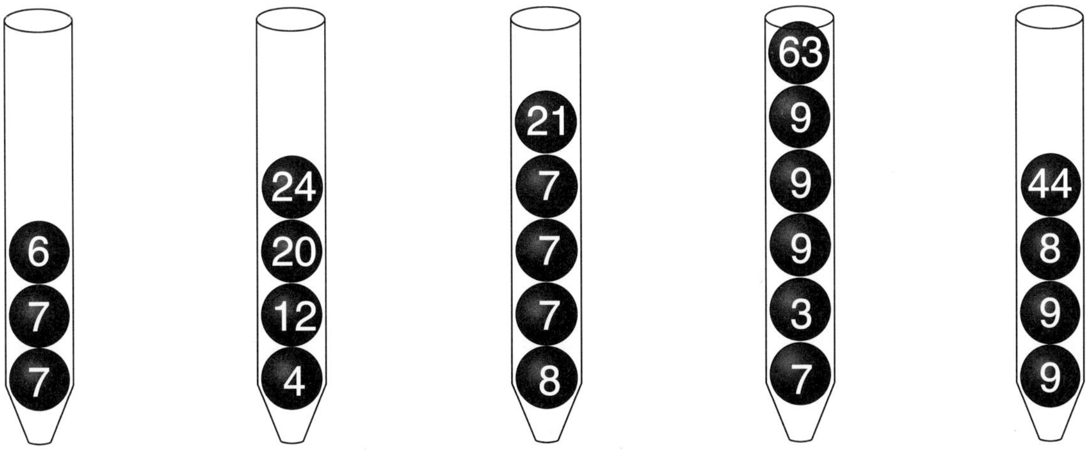

___:10 = ___ ___:10 = ___ ___:10 = ___ ___:10 = ___ ___:10 = ___

Verdoppeln

Verdopple die Bilder und schreibe darunter, wie viele dunkle Felder es im Ganzen sind.

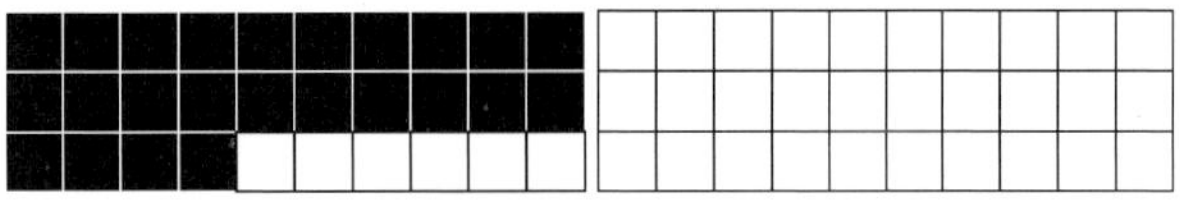

24 $2 \cdot 24 =$ ______

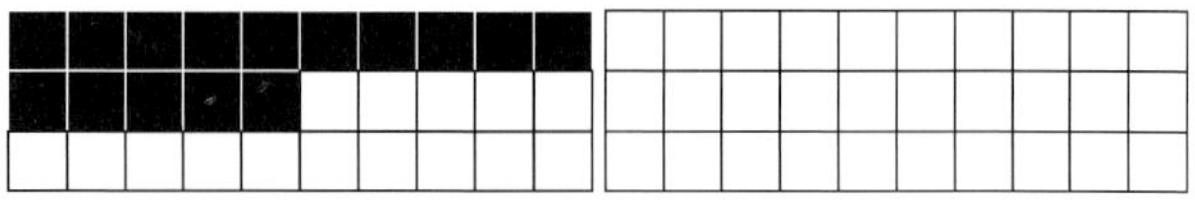

15 $2 \cdot 15 =$ ______

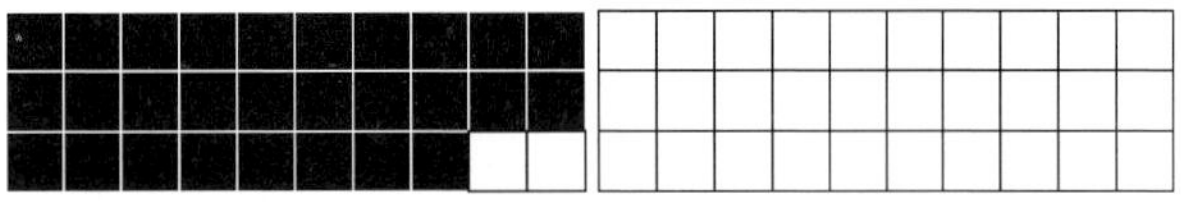

28 $2 \cdot 28 =$ ______

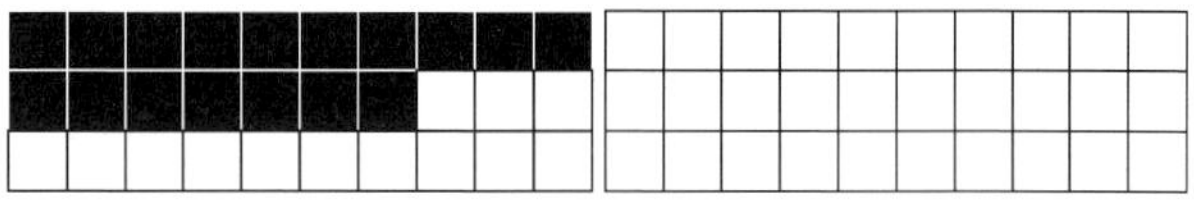

17 $2 \cdot 17 =$ ______

Verdopple die Zahlen.

20	
40	
30	
50	

13	
11	
14	
12	

42	
23	
31	
54	

16	
19	
17	
15	

36	
49	
28	
37	

Verdopple die Malrechnungen.

$3 \cdot 7 =$ ______
$6 \cdot 7 =$ ______

$4 \cdot 8 =$ ______
$8 \cdot 8 =$ ______

$4 \cdot 6 =$ ______
___ · ___ = ______

$4 \cdot 7 =$ ______
___ · ___ = ______

$2 \cdot 9 =$ ______
___ · 9 = ______

$5 \cdot 4 =$ ______
___ · 4 = ______

$6 \cdot 6 =$ ______
___ · 6 = ______

$8 \cdot 6 =$ ______
___ · 6 = ______

$6 \cdot 7 =$ ______
___ · ___ = ______

$7 \cdot 4 =$ ______
___ · ___ = ______

$8 \cdot 3 =$ ______
___ · ___ = ______

$9 \cdot 3 =$ ______
___ · ___ = ______

Halbieren

Halbieren bedeutet, etwas so zu verteilen, dass es zweimal genau gleich viele sind.

Male in jedem Korb eine Hälfte der Äpfel rot, die andere gelb aus.
Notiere darunter, wie viel die Hälfte ist.

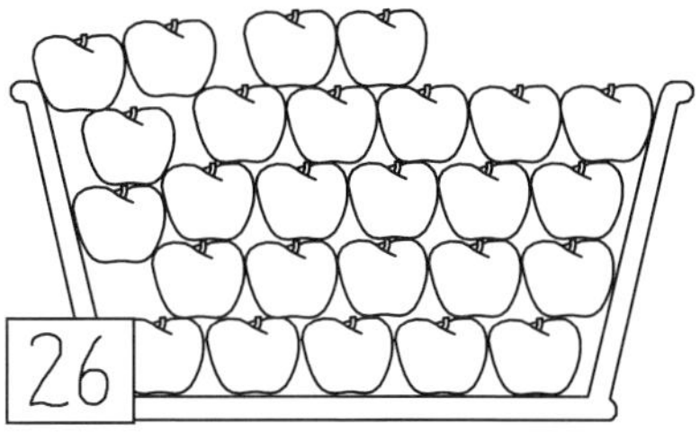

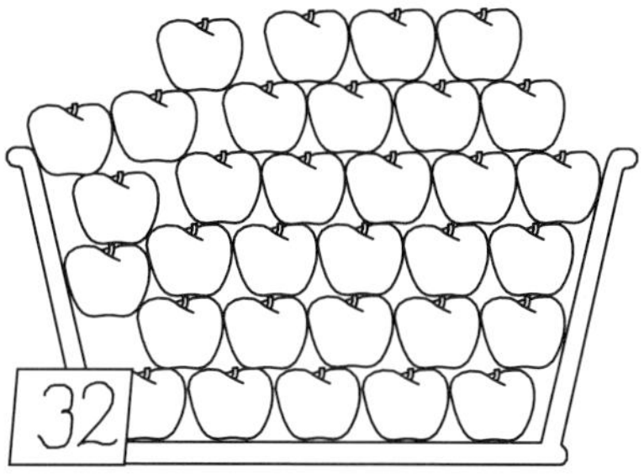

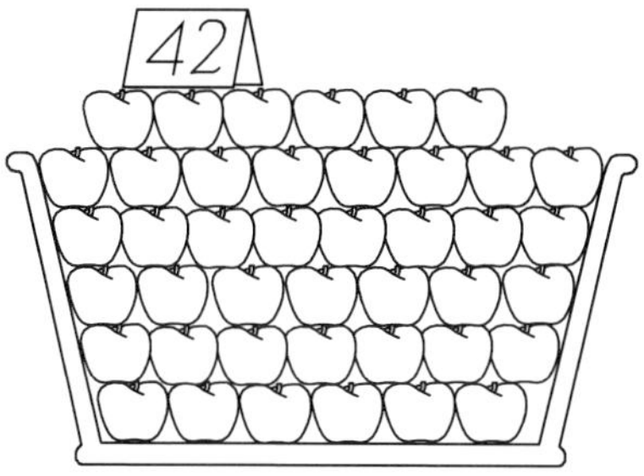

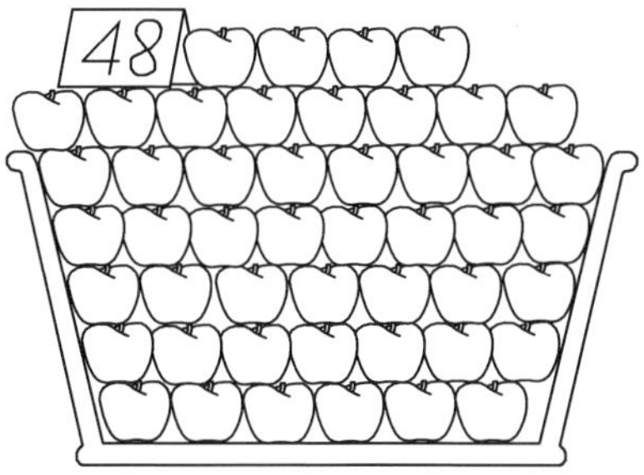

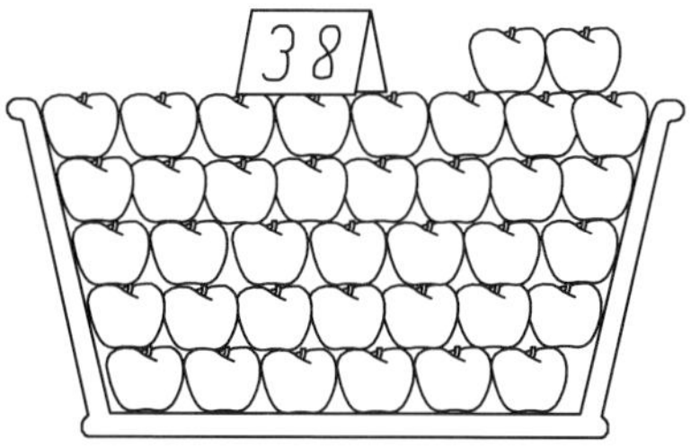

Halbiere die Zahlen.

40	
80	
30	
50	
90	

28	
46	
82	
66	
102	

34	
52	
76	
98	
58	

64	
72	
56	
36	
88	

Superzahlen

Es gibt Zahlen, die nicht teilbar sind (außer durch 1 oder durch sich selbst). Beispiele: 13, 19, 23, 31.

Aber es gibt auch Zahlen, die durch sehr viele Zahlen geteilt werden können. Genau diese suchen wir.

Welche von den hier genannten Zahlen ist am besten teilbar? Denke daran, dass man auch durch größere Zahlen als 10 teilen kann.

Schreibe zu jeder Zahl alle Möglichkeiten.

18	: 2 = 9
	: 3 = 6
	: 6 = 3
	: 9 = 2

24	: 2 =	:
	: 3 =	:
	:	:
	:	:
	:	:

30	: 2 =	:
	: 3 =	:
	:	:
	:	:
	:	:

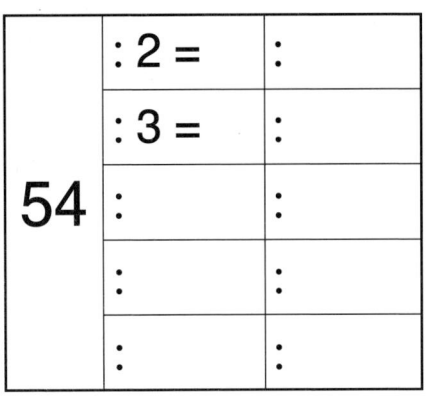

36	: 2 =	:
	: 3 =	:
	:	:
	:	:
	:	:

48	: 2 =	:
	: 3 =	:
	:	:
	:	:
	:	:

54	: 2 =	:
	: 3 =	:
	:	:
	:	:
	:	:

60	: 2 =	:
	: 3 =	:
	:	:
	:	:
	:	:

Teilen alle Reihen 1

Male alle Felder aus, die eine richtig gelöste Rechnung enthalten.
Falsch gelöste Aufgaben bleiben weiß.

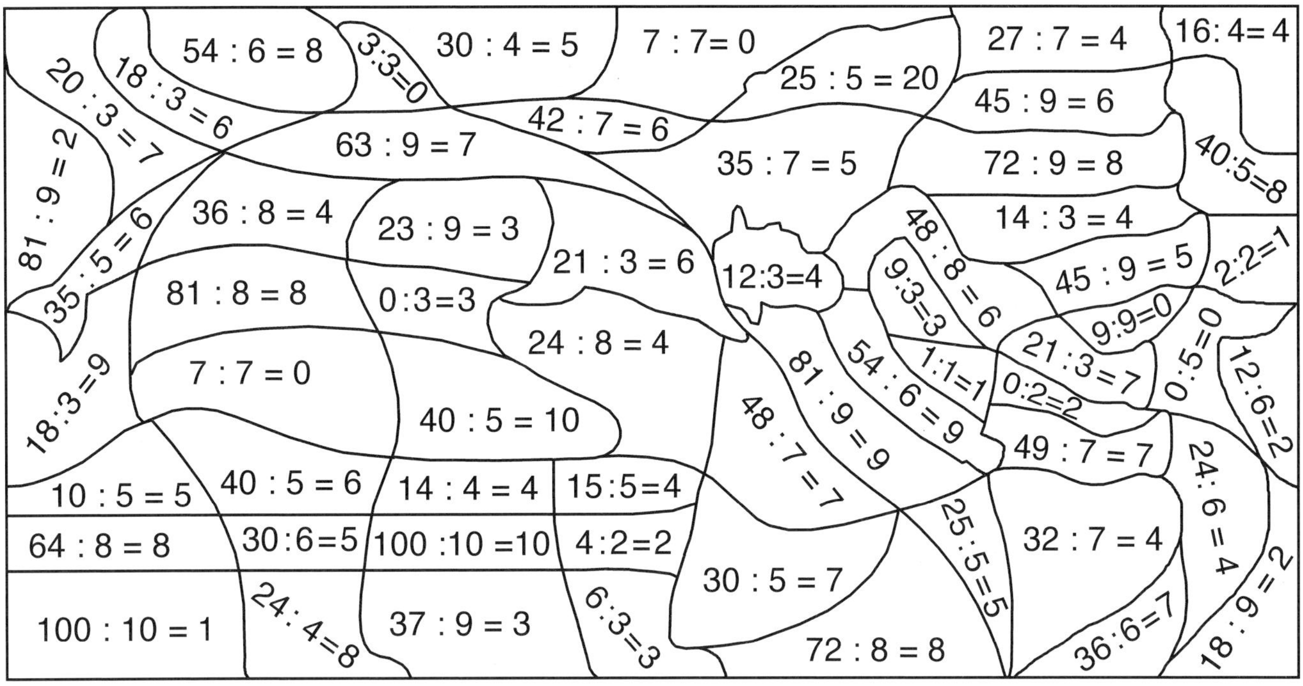

Verbinde die Aufgaben mit dem richtigen Ergebnis.
Wähle für jedes Ergebnis eine andere Farbe.

$27:3$ $14:7$ $0:2$ $48:6$ $24:6$ $7:7$ $54:9$

$16:4$ $56:7$

$90:10$ $8:8$

$0:9$ 0 2 4 6 8 $32:4$
              9 7 5 3 1

$45:5$ $72:9$

$28:4$ $35:7$

$25:5$ $36:4$ $42:6$ $81:9$ $49:7$ $15:5$ $24:8$

Teilen alle Reihen 2

Male alle Felder aus, welche die verlangten Rechnungen enthalten.

Das Ergebnis muss 7 sein.

21 : 3 | 16 : 2 | 42 : 6 | 27 : 3 | 56 : 8 | 48 : 8 | 63 : 9 | 45 : 9

Das Ergebnis muss 4 sein.

36 : 9 | 40 : 8 | 24 : 8 | 32 : 8 | 27 : 9 | 0 : 4 | 28 : 7 | 24 : 6

Das Ergebnis muss 9 sein.

72 : 8 | 27 : 3 | 56 : 7 | 63 : 7 | 9 : 1 | 28 : 4 | 54 : 6 | 48 : 6

Das Ergebnis muss 6 sein.

21 : 3 | 49 : 7 | 54 : 9 | 36 : 6 | 18 : 2 | 56 : 8 | 24 : 4 | 42 : 7

Das Ergebnis muss 8 sein.

36 : 4 | 72 : 9 | 56 : 8 | 48 : 6 | 42 : 6 | 64 : 8 | 40 : 5 | 24 : 3

Das Ergebnis muss 3 sein.

3 : 1 | 27 : 9 | 9 : 3 | 28 : 7 | 18 : 6 | 16 : 4 | 24 : 8 | 21 : 7

Das Ergebnis muss 2 sein.

14 : 2 | 20 : 5 | 21 : 7 | 18 : 6 | 16 : 4 | 12 : 6 | 6 : 2 | 16 : 8

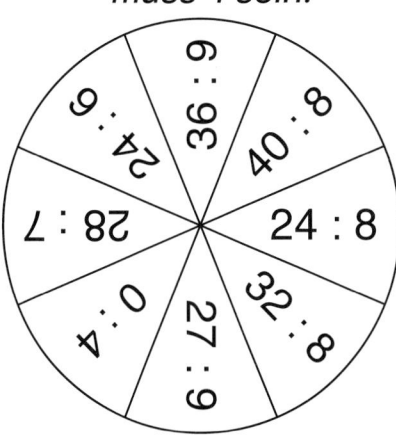

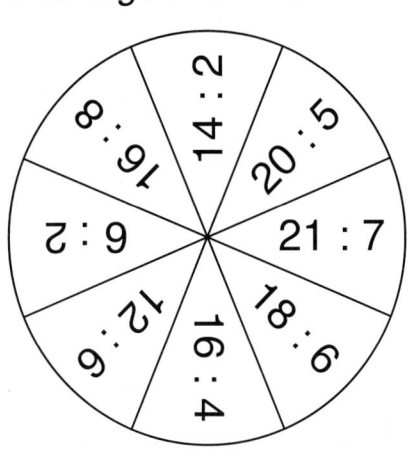

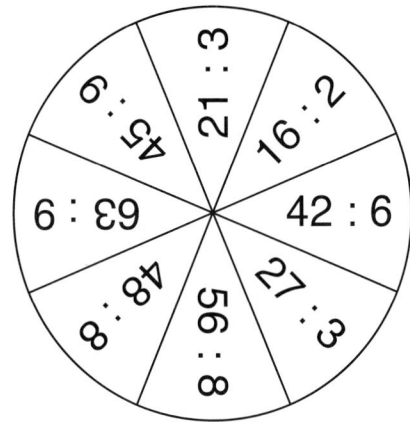

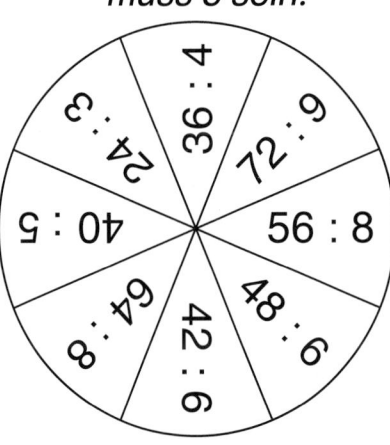

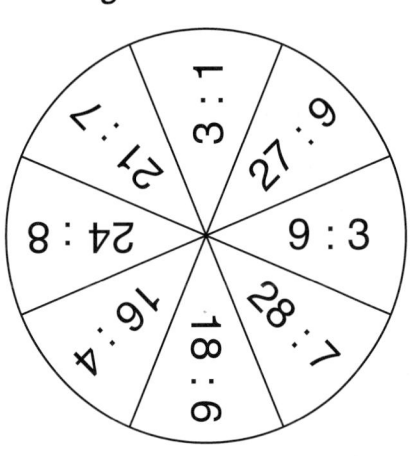

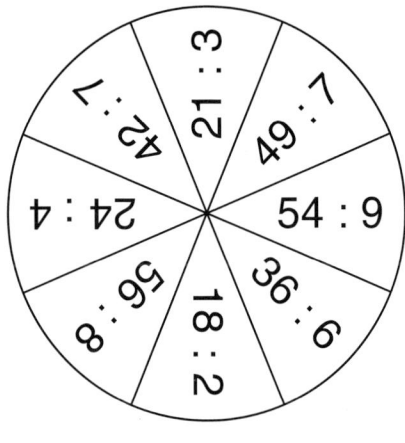

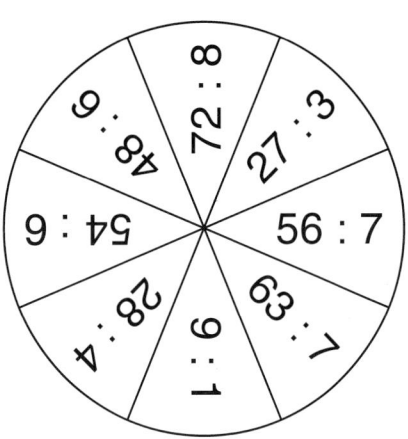

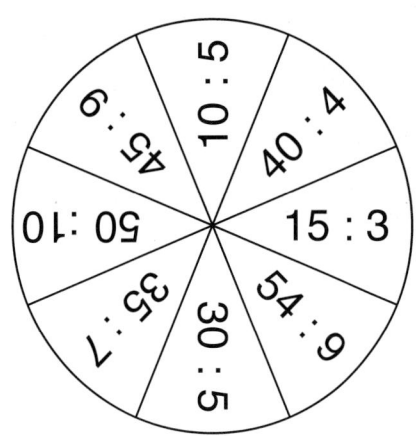

Das Ergebnis muss 5 sein.

10 : 5 | 40 : 4 | 15 : 3 | 54 : 9 | 30 : 5 | 35 : 7 | 50 : 10 | 45 : 9

Teilen alle Reihen 3

Die Zahlen werden immer größer, die Ergebnisse aber nicht.

0 : 4 = ___	45 : 5 = ___	18 : 9 = ___
1 : 1 = ___	48 : 8 = ___	20 : 4 = ___
4 : 2 = ___	49 : 7 = ___	24 : 8 = ___
6 : 3 = ___	50 : 5 = ___	24 : 4 = ___
8 : 2 = ___	54 : 6 = ___	27 : 3 = ___
9 : 3 = ___	56 : 7 = ___	28 : 7 = ___
10 : 5 = ___	60 :10 = ___	30 : 3 = ___
12 : 4 = ___	63 : 9 = ___	32 : 4 = ___
14 : 2 = ___	64 : 8 = ___	35 : 5 = ___
15 : 3 = ___	70 : 7 = ___	36 : 9 = ___
16 : 4 = ___	72 : 9 = ___	40 : 4 = ___
18 : 6 = ___	80 : 8 = ___	42 : 7 = ___
20 :10 = ___	81 : 9 = ___	45 : 9 = ___
21 : 7 = ___	90 :10 = ___	48 : 8 = ___
24 : 6 = ___	100 :10 = ___	50 :10 = ___
25 : 5 = ___	*Und jetzt noch einmal von vorn!*	54 : 9 = ___
27 : 9 = ___		56 : 8 = ___
28 : 4 = ___	0 : 7 = ___	60 : 6 = ___
30 : 5 = ___	6 : 3 = ___	63 : 7 = ___
32 : 8 = ___	8 : 4 = ___	64 : 8 = ___
35 : 7 = ___	9 : 9 = ___	70 :10 = ___
36 : 6 = ___	10 : 2 = ___	72 : 8 = ___
40 : 5 = ___	12 : 6 = ___	80 :10 = ___
42 : 6 = ___	16 : 8 = ___	90 : 9 = ___

Zerlegen 1

Schreibe hinter jede Zahl, die du eingesetzt hast, den passenden Buchstaben aus der Liste.
Male die Tiere aus, deren Namen du gefunden hast.
Lies von oben nach unten oder von unten nach oben.

0	R
1	E
2	K
3	F
4	D
5	A
6	C
7	L
8	S
9	H
10	O

$25 = 3 \cdot 7 + $ __ __ $35 = 3 \cdot 9 + $ __ __

$41 = 6 \cdot 6 + $ __ __ $\ \ 6 = 6 \cdot 0 + $ __ __

$34 = 4 \cdot 7 + $ __ __ $45 = 6 \cdot 6 + $ __ __

$65 = 7 \cdot 8 + $ __ __ $21 = 4 \cdot 4 + $ __ __

$26 = 2 \cdot 9 + $ __ __ $24 = 3 \cdot 7 + $ __ __

$50 = 7 \cdot 7 + $ __ __ $61 = 8 \cdot 7 + $ __ __

$44 = 4 \cdot 9 + $ __ __ $46 = 7 \cdot 6 + $ __ __

$30 = 3 \cdot 7 + $ __ __ $39 = 4 \cdot 8 + $ __ __

$69 = 9 \cdot 7 + $ __ __ $82 = 9 \cdot 9 + $ __ __

$28 = 9 \cdot 3 + $ __ __ $28 = 7 \cdot 4 + $ __ __

$51 = 7 \cdot 6 + $ __ __ $52 = 5 \cdot 9 + $ __ __

$66 = 6 \cdot 10 + $ __ __ $10 = 3 \cdot 3 + $ __ __

$62 = 6 \cdot 9 + $ __ __ $50 = 6 \cdot 8 + $ __ __

$34 = 4 \cdot 6 + $ __ __ $51 = 9 \cdot 5 + $ __ __

$42 = 6 \cdot 7 + $ __ __ $17 = 2 \cdot 6 + $ __ __

$57 = 9 \cdot 6 + $ __ __ $76 = 9 \cdot 8 + $ __ __

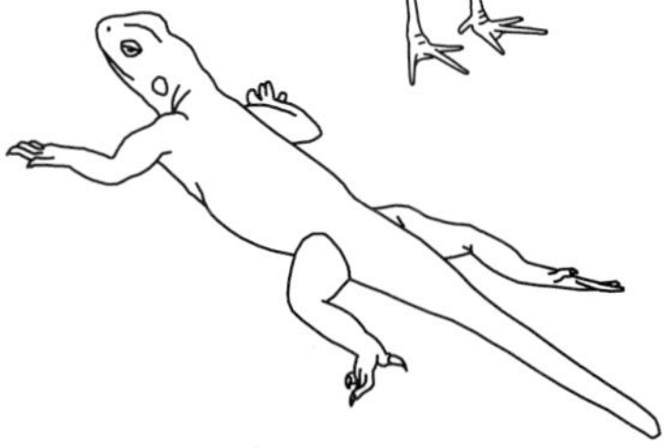

Zerlegen 2

Suche zu jeder Zahl eine Multiplikation, die möglichst nahe an sie herankommt.
Schreibe das, was fehlt, als Plusrechnung dahinter.

Beispiel: (13) = 3 · 4 + 1 oder
= 2 · 6 + 1

(29) = ___ · ___ + ___

(17) = ___ · ___ + ___

(47) = ___ · ___ + ___

(89) = ___ · ___ + ___

(67) = ___ · ___ + ___

(53) = ___ · ___ + ___

(37) = ___ · ___ + ___

Die Zahlen in den Kreisen können nicht geteilt werden. Man nennt sie **Prim-zahlen**.

(71) = ___ · ___ + ___

(59) = ___ · ___ + ___

(97) = ___ · ___ + ___

(83) = ___ · ___ + ___

(61) = ___ · ___ + ___

(31) = ___ · ___ + ___

(41) = ___ · ___ + ___

(23) = ___ · ___ + ___

(79) = ___ · ___ + ___

(73) = ___ · ___ + ___

(19) = ___ · ___ + ___

(11) = ___ · ___ + ___

(7) = ___ · ___ + ___

Durcheinander

In jeder Rechnung fehlt eine Zahl. Setze sie ein.

48 : ___ = 8

___ = 35 : 5

64 : 8 = ___

___ : 7 = 4

56 : ___ = 7

___ : 6 = 4

3 = 24 : ___

___ = 72 : 9

4 = 8 : ___

36 : 9 = ___

7 = 28 : ___

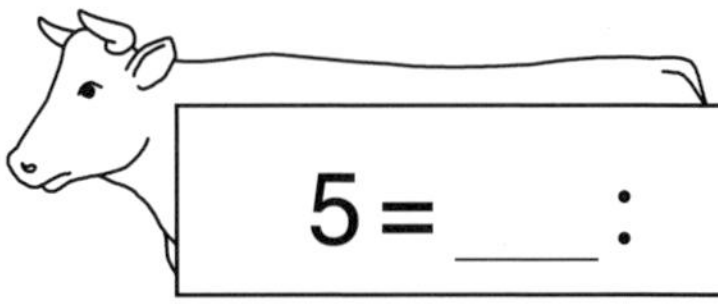
5 = ___ : 6

___ = 42 : 6

45 : ___ = 5

___ : 8 = 2

80 : ___ = 8

7 = ___ : 7

54 : ___ = 9

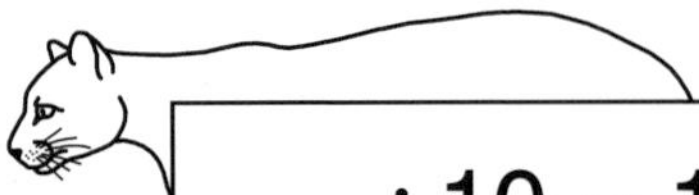
___ : 10 = 10

___ = 32 : 4

40 : ___ = 5

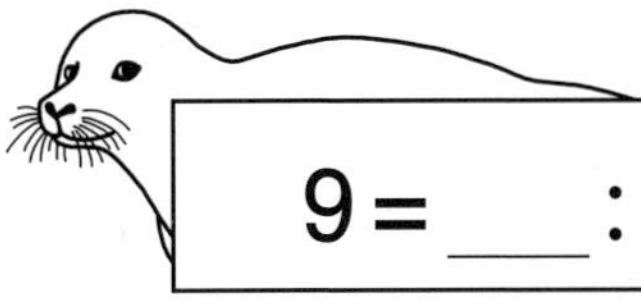
9 = ___ : 3

___ : 9 = 4

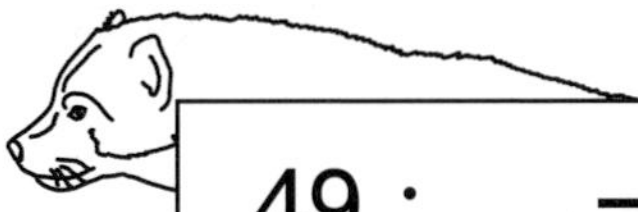
49 : ___ = 7

___ : 5 = 5

___ : 6 = 0

___ = 18 : 6

Textaufgaben 1

Schreibe zu jeder Geschichte die passende Rechnung. Setze die richtige Zahl in den Antwortsatz ein.

Thomas hat 6 Kinder zum Geburtstagsfest eingeladen. Aus der Tischbombe fliegen 42 Dinge heraus.

____

Jedes Kind erhält _____ Dinge.

Maja hat 40 Blumen gepflückt. Jede ihrer vier Freundinnen erhält gleich viele. Auch Mama bekommt einen Strauß.

____

Jeder Strauß hat _____ Blumen.

Auf einer Torte liegen 36 rote Zuckerblümchen. Sie werden gerecht an die sechs Kinder verteilt.

____

Jedes Kind erhält _____ Stück.

Lea verteilt Erdnüsse. Jedes der neun Mädchen ihrer Klasse bekommt genau 8 Nüsse.

____

Lea hat _____ Nüsse in die Schule mitgebracht.

In der Turnstunde wirft ein Teil der Klasse 63 Tennisbälle auf die Wiese. Jedes Kind darf sieben Bälle werfen.

____

_____ Kinder werfen Bälle.

Eine Schnur ist 27 Meter lang. Immer zwei Kinder zusammen schneiden ein 3 Meter langes Stück ab.

____

Die Schnur reicht für _____ Kinder.

Textaufgaben 2

Schreibe die Rechnung neben die Aufgabe und darunter einen Antwortsatz.

1. Die Kinder haben 72 Schiffchen in 9 verschiedenen Farben gefaltet. Es gibt von jeder Farbe gleich viele. Wie viele?

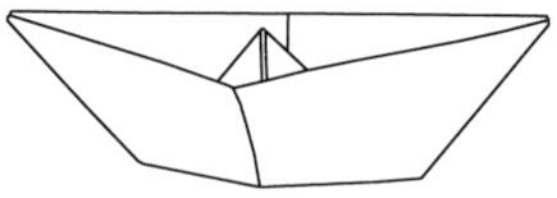

2. Die 6 Fenster des Klassenzimmers haben sie gleichmäßig mit 54 Papierblumen verziert. Wie viele sind es pro Fenster?

3. Für den Rechenunterricht hat die Lehrerin 27 kleine Autos in drei verschiedenen Farben gekauft. Wie viele sind es von jeder Farbe?

4. Der Klassenlehrer ist 3 Jahre älter als die fünf ältesten Kinder der Klasse zusammen, die alle bereits 9 Jahre als sind. Wie alt ist der Lehrer?

5. Die neue Kollegin ist viel jünger als der Klassenlehrer. Sie ist genau halb so alt wie er. Wie alt ist sie?

Wiederholung 1

Dividieren (Teilen) und Multiplizieren sind miteinander verwandt.
Auf dieser Seite findest du immer drei Rechnungen, die aus den gleichen Zahlen bestehen, wenn sie gelöst sind. Verbinde sie mit verschiedenen Farben.

$\square : 9 = 8$

$\square \cdot 7 = 56$

$7 \cdot 8 = \square$

$24 : 4 = \square$

$45 = \square \cdot 5$

$\square = 8 \cdot 9$

$\square = 6 \cdot 4$

$\square = 56 : 8$

$5 \cdot 9 = \square$

$72 : \square = 9$

$5 = \square : 9$

$18 = 6 \cdot \square$

$6 \cdot 3 = \square$

$4 = \square : 6$

$8 = \square : 4$

$\square : 3 = 6$

$8 \cdot 4 = \square$

$\square = 9 \cdot 7$

$63 : \square = 9$

$36 = 9 \cdot \square$

$6 = 42 : \square$

$\square \cdot 7 = 42$

$\square : 9 = 7$

$32 = \square \cdot 4$

$\square = 4 \cdot 9$

$\square : 4 = 9$

$6 = \square : 7$

Wiederholung 2

Rechne von oben nach unten. Schreibe das Ergebnis ins kleine Rechteck.

1	2	3	4	5	6
24	7	45	Halbiere 64	100	48
: 8	· 8	: 5	− 20	: 10	: 6
· 7	− 20	· 8	: 2	· 4	· 9
+ 60	: 9	− 40	· 9	+ 2	− 40
: 9	· 7	: 4	+ 10	: 6	: 4
· 7	+ 60	· 6	: 8	· 8	· 3
□	□	□	□	□	□

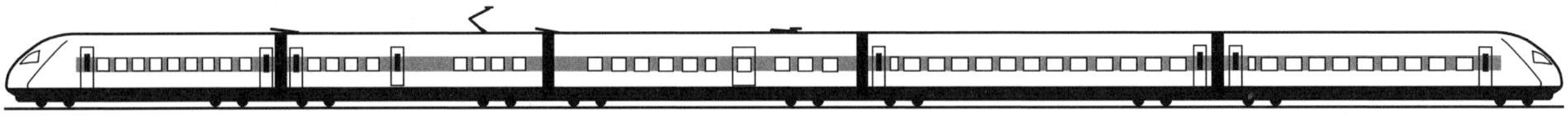

7	8	9	10	11	12
100	35	9	Verdopple 28	9	24
− 64	: 7	: 9	: 7	· 9	: 3
: 6	· 9	· 6	· 6	− 60	· 0
+ 50	+ 9	+ 30	− 20	: 3	+ 20
: 7	: 9	: 6	: 7	: 7	: 4
· 9	· 3	· 5	· 6	· 5	· 9
□	□	□	□	□	□

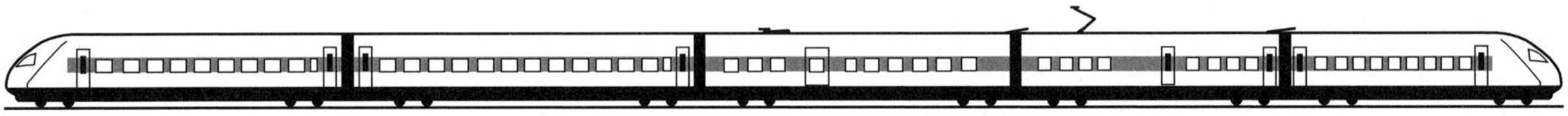

13	14	15	16	17	18
27	42	Halbiere 98	25	Verdopple 36	0
: 9	: 7	: 7	: 5	: 9	· 1
+ 60	· 4	· 4	· 10	· 8	· 2
: 9	: 3	+ 8	− 8	− 60	· 3
· 4	· 5	: 6	: 7	· 7	· 4
− 20	: 10	· 9	: 3	+ 72	: 8
□	□	□	□	□	□

Lösungen

Male alle Felder mit richtig gelösten Rechnungen aus.

```
12:2+9=20        8:2+7=12
    6:2+7=10
  14:2+7=14
  18:2-7=2          18:2+8=16
    10:2+8=14      2:2=0
20:2-3=17        14:2+8=11  6:2+7=9
8:2+6=12    2:2+7=8  18:2+10=19  0:2+7=9
    2:2+9=11
  12:2+9=15        4:2+9=11
20:2+3=13      16:2+3=12
```

- 8 -

- 7 -

Teilen 2

2 : 2 = **1**	**12 : 2 = 6**
4 : 2 = **2**	**14 : 2 = 7**
6 : 2 = 3	**16 : 2 = 8**
8 : 2 = 4	**18 : 2 = 9**
10 : 2 = **5**	20 : 2 = **10**
0 : 2 = **0**	22 : 2 = **11**

- 2 -

16 : 2 = **8**	
20 : 2 = **10**	
12 : 2 = **6**	
4 : 2 = **2**	
8 : 2 = **4**	
14 : 2 = **7**	
2 : 2 = **1**	
10 : 2 = **5**	
18 : 2 = **9**	
0 : 2 = **0**	

- 3 -

(untere, gedrehte Abschnitte)

- 6 -

Verbinde die Punkte in der Reihenfolge der Ergebnisse.

16 : 2 · 4 = **32**	
10 · 2 : 6 = **30**	
14 · 2 : 7 = **49**	
18 · 2 : 6 = **54**	
6 : 2 · 9 = **27**	
20 · 2 : 4 = **40**	
2 : 2 · 8 = **8**	
12 · 2 : 3 = **18**	
8 : 2 · 4 = **16**	

- 5 -

14 : 2 = 7	
2 : 2 = **1**	
8 : 2 = **4**	
10 : 2 = **5**	
0 : 2 = **0**	
18 : 2 = **9**	
22 : 2 = **11**	
6 : 2 = **3**	
12 : 2 = **6**	
16 : 2 = **8**	

- 4 -

12:2 = **6**	14 − 8
18:2 > **9**	16 − 5
0:2 = **1**	1 − 1
10:2 < **6**	13 − 9
16:2 < **8**	17 − 8
8:2 = **4**	12 − 8
2:2 > **1**	9 − 6
14:2 > **7**	12 − 6

> = <

Male alle Felder mit richtig gelösten Rechnungen aus.

```
0:1+1=2          10:1-7=2
7:1-7=1      3:1·4=4  0:1·5=5
11:1+5=16          9:1·0=0
9:9+9=10
              5:5+5=6
1:1·0=0    4:1·4=12
      9:1·7=3
0:1·2=2    8:8+8=8    10:1+9=19
6:6·3=3  7:7·7=7  0:8+7=15
```

- 8 -

- 7 -

Verflixte Zahlen 1 und 0

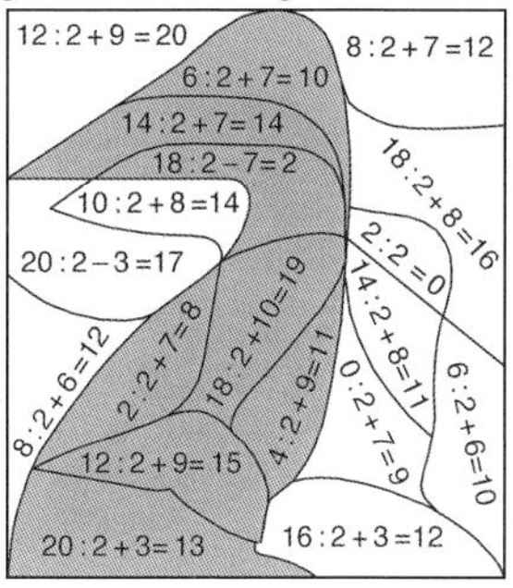

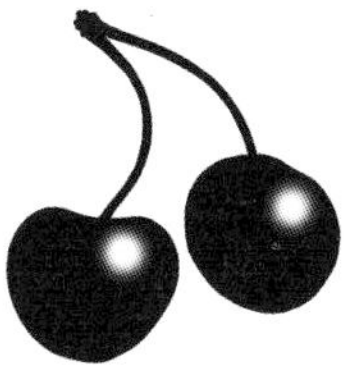

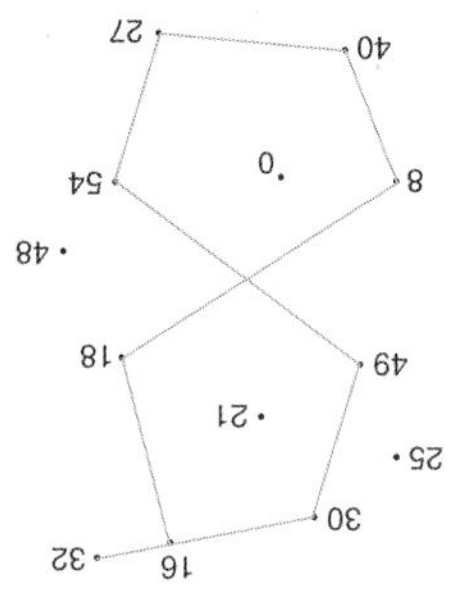

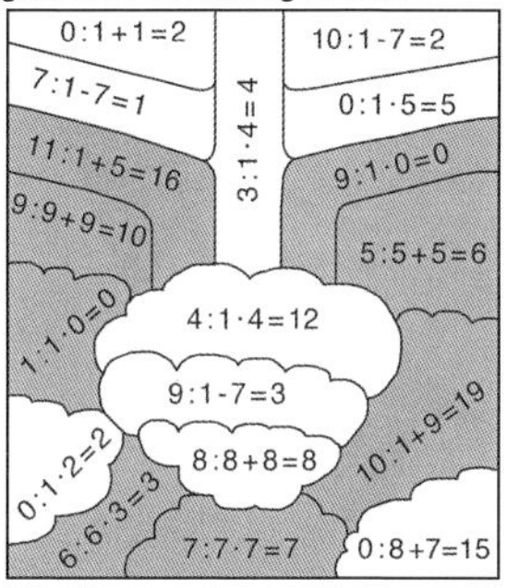

1 : 1 = **1**	**6 : 1 = 6**
2 : 1 = **2**	**7 : 1 = 7**
3 : 1 = 3	**8 : 1 = 8**
4 : 1 = 4	**9 : 1 = 9**
5 : 1 = **5**	10 : 1 = **10**
0 : 1 = **0**	11 : 1 = **11**

- 2 -

6 : 1 = **6**	
10 : 1 = **10**	
2 : 1 = **2**	
0 : 1 = **0**	
7 : 1 = **7**	
9 : 1 = **9**	
1 : 1 = **1**	
3 : 1 = **3**	
8 : 1 = **8**	
4 : 1 = **4**	

- 3 -

- 6 -

Verbinde die Punkte in der Reihenfolge der Ergebnisse.

5 : 5 · 5 = **5**	
7 : 1 · 9 = **63**	
4 : 1 · 8 = **32**	
9 : 1 · 1 = **9**	
8 : 1 · 3 = **24**	
10 : 1 · 6 = **60**	
0 : 6 · 7 = **0**	
9 : 1 · 4 = **36**	
7 : 1 · 5 = **35**	

- 5 -

1 : 1 = **1**	
6 : **9** = 1	
3 : 1 = **3**	
10 : 1 = **10**	
2 : 2 = **1**	
6 : **1** = 6	
0 : **1** = 0	
7 : 1 = **7**	
6 : **1** = 6	
8 : **1** = 8	

- 4 -

0:2 > **9** − 8	
10:1 < **9** − 7	
6:1 < **11** − 6	
8:1 < **15** − 8	
5:5 > **5** − 5	
0:1 > **8** − 0	
9:1 = **18** − 9	
7:1 < **11** − 5	

> = <

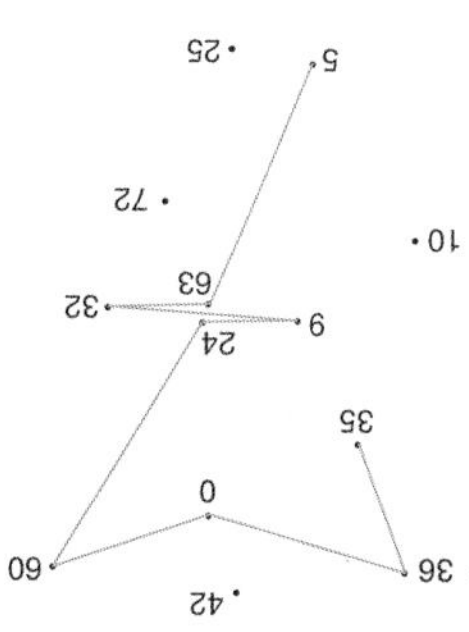

Lösungen

Male alle Felder mit richtig gelösten Rechnungen aus.

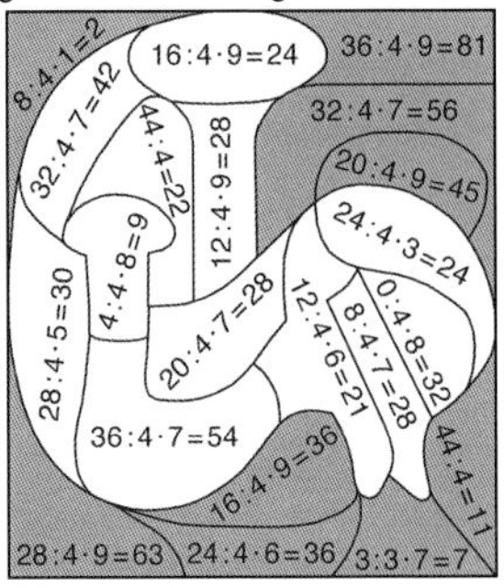

8:4·1=2
16:4·9=24
36:4·9=81
32:4·7=42
44:4=22
12:4·9=28
32:4·7=56
20:4·9=45
4:4·8=9
24:4·3=24
28:4·5=30
20:4·7=28
12:4·6=21
8:4·7=28
0:4·8=32
36:4·7=54
16:4·9=36
44:4=11
28:4·9=63
24:4·6=36
3:3·7=7

-8-

Teilen 4

4 : 4 = **1**	**24 : 4** = **6**
8 : 4 = **2**	**28 : 4** = **7**
12 : 4 = 3	**32 : 4 = 8**
16 : 4 = 4	**36 : 4 = 9**
20 : 4 = **5**	40 : 4 = **10**
0 : 4 = **0**	44 : 4 = **11**

-2-

24 : 4 = **6**
36 : 4 = **9**
12 : 4 = **3**
32 : 4 = **8**
20 : 4 = **5**
0 : 4 = **0**
8 : 4 = **2**
28 : 4 = **7**
4 : 4 = **1**
16 : 4 = **4**

-3-

< = >

8 : 4 **<** 17 − 9
36 : 4 **>** 13 − 5
16 : 4 **<** 13 − 8
24 : 4 **=** 15 − 9
20 : 4 **<** 12 − 6
32 : 4 **>** 14 − 7
4 : 4 **=** 11 − 10
28 : 4 **=** 16 − 9

-4-

12 : **4** = 3
24 : 4 = 6
16 : 4 = **4**
8 : 4 = 2
20 : **4** = 5
0 : 4 = 0
40 : 4 = **10**
28 : **4** = 7
32 : **4** = 8
4 : 4 = 1

-5-

Verbinde die Punkte in der Reihenfolge der Ergebnisse.

28 : 4 · 9 = **63**
4 : 4 · 7 = **7**
16 : 4 · 5 = **20**
24 : 4 · 3 = **18**
0 : 4 · 10 = **0**
36 : 4 · 8 = **72**
20 : 4 · 6 = **30**
12 : 4 · 9 = **27**
32 : 4 · 6 = **48**

-6-

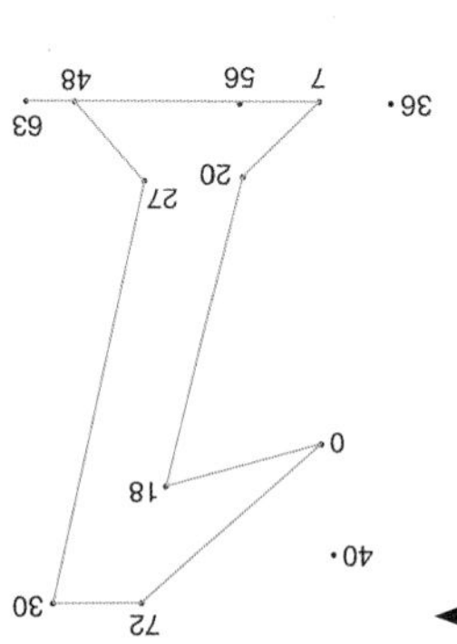

-7-

Male alle Felder mit richtig gelösten Rechnungen aus.

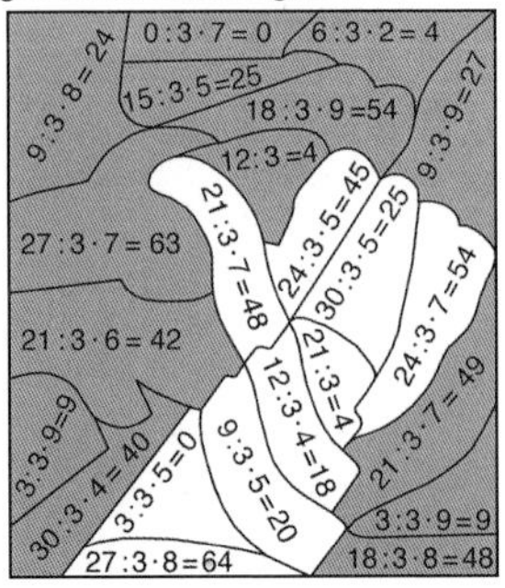

9:3·8=24
0:3·7=0
6:3·2=4
15:3·5=25
18:3·9=54
9:3·9=27
12:3=4
27:3·7=63
21:3·7=48
24:3·5=45
30:3·5=25
24:3·7=54
21:3·6=42
12:3·4=18
21:3=4
3:3·9=9
30:3·4=40
3:3·5=0
9:3·5=20
21:3·7=49
3:3·9=9
27:3·8=64
18:3·8=48

-8-

Teilen 3

3 : 3 = **1**	18 **: 3** = **6**
6 : 3 = **2**	**21 : 3** = 7
9 : 3 = 3	**24 : 3 = 8**
12 : 3 = 4	**27 : 3 = 9**
15 : 3 = **5**	30 : 3 = **10**
0 : 3 = **0**	33 : 3 = **11**

-2-

27 : 3 = **9**
21 : 3 = **7**
12 : 3 = **4**
30 : 3 = **10**
18 : 3 = **6**
9 : 3 = **3**
3 : 3 = **1**
24 : 3 = **8**
15 : 3 = **5**
6 : 3 = **2**

-3-

< = >

21 : 3 **=** 12 − 5
9 : 3 **<** 13 − 9
30 : 3 **<** 19 − 8
18 : 3 **=** 12 − 6
12 : 3 **<** 13 − 8
27 : 3 **<** 17 − 7
15 : 3 **=** 11 − 6
24 : 3 **>** 14 − 7

-4-

27 : **3** = 9
15 : 3 = 5
0 : 3 = **0**
18 : 3 = 6
12 : **3** = 4
30 : 3 = 10
21 : 3 = **7**
24 : **3** = 8
3 : **3** = 1
6 : 3 = 2

-5-

Verbinde die Punkte in der Reihenfolge der Ergebnisse.

24 : 3 · 8 = **64**
15 : 3 · 9 = **45**
3 : 3 · 7 = **7**
27 : 3 · 8 = **72**
18 : 3 · 5 = **30**
12 : 3 · 9 = **36**
30 : 3 · 4 = **40**
9 : 3 · 7 = **21**
21 : 3 · 8 = **56**

-6-

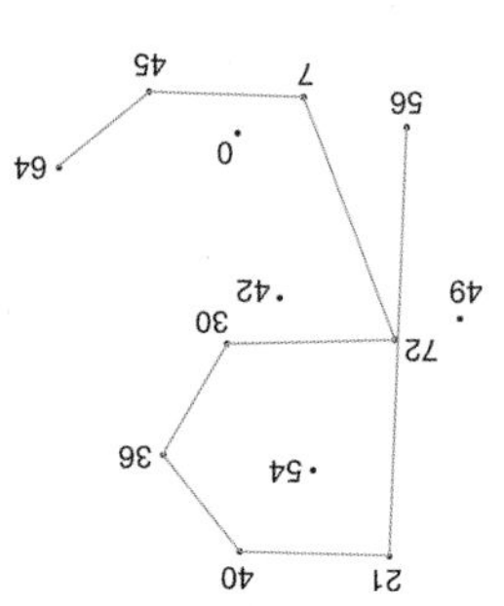

-7-

Lösungen

Teilen 6

6 : 6 = **1**
12 : 6 = **2**
18 : 6 = 3
24 : 6 = 4
30 : 6 = **5**
36 : 6 = 6
42 : 6 = 7
48 : 6 = 8
54 : 6 = 9
60 : 6 = **10**
0 : 6 = **0**
66 : 6 = **11**

\- 2 -

30 : 6 = **5**
48 : 6 = **8**
6 : 6 = **1**
24 : 6 = **4**
60 : 6 = **10**
36 : 6 = **6**
12 : 6 = **2**
54 : 6 = **9**
42 : 6 = **7**
18 : 6 = **3**

\- 3 -

> = <
36 : 6 **>** 11 – 6
54 : 6 **=** 13 – 4
6 : 6 **>** 7 – 7
42 : 6 **=** 16 – 9
12 : 6 **>** 9 – 8
48 : 6 **<** 15 – 6
30 : 6 **=** 14 – 9
60 : 6 **>** 13 – 5

\- 4 -

18 : **6** = 3
36 : 6 = 6
48 : 6 = **8**
0 : 6 = 0
6 : **6** = 1
42 : 6 = 7
12 : 6 = **2**
24 : **6** = 4
30 : **6** = 5
54 : 6 = 9

\- 5 -

Verbinde die Punkte in der Reihenfolge der Ergebnisse.

42 : 6 · 4 = **28**
18 : 6 · 7 = **21**
12 : 6 · 9 = **18**
54 : 6 · 5 = **45**
30 : 6 · 7 = **35**
24 : 6 · 4 = **16**
48 : 6 · 7 = **56**
6 : 6 · 5 = **5**
36 : 6 · 4 = **24**

\- 6 -

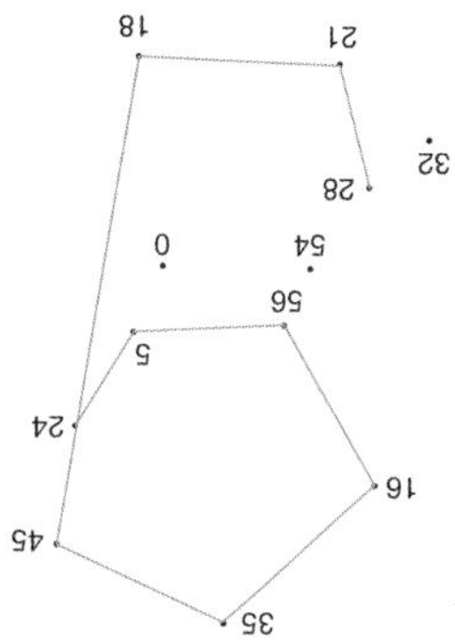

\- 7 -

Male alle Felder mit richtig gelösten Rechnungen aus.

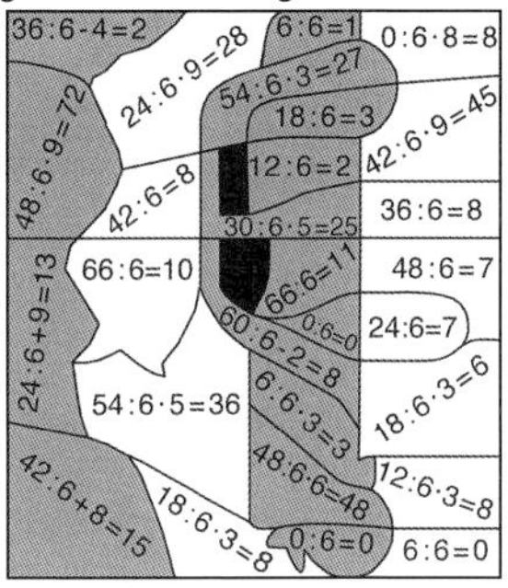

\- 8 -

Teilen 5

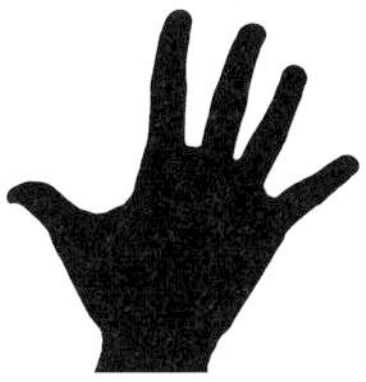

9 : 5 = **1**
10 : 5 = **2**
15 : 5 = 3
20 : 5 = 4
25 : 5 = **5**
30 : 5 = 6
35 : 5 = 7
40 : 5 = 8
45 : 5 = 9
50 : 5 = **10**
0 : 5 = **0**
55 : 5 = **11**

\- 2 -

15 : 5 = **3**
30 : 5 = **6**
0 : 5 = **0**
40 : 5 = **8**
20 : 5 = **4**
35 : 5 = **7**
5 : 5 = **1**
45 : 5 = **9**
10 : 5 = **2**
25 : 5 = **5**

\- 3 -

> = <
25 : 5 **=** 11 – 6
10 : 5 **<** 8 – 4
50 : 5 **>** 17 – 8
30 : 5 **<** 18 – 9
45 : 5 **>** 13 – 5
35 : 5 **=** 14 – 7
20 : 5 **<** 12 – 6
5 : 5 **>** 5 – 5

\- 4 -

30 : **5** = 6
5 : 5 = 1
45 : 5 = **9**
10 : 5 = 2
35 : **5** = 7
15 : 5 = 3
50 : 5 = **10**
20 : **5** = 4
40 : **5** = 8
25 : 5 = 5

\- 5 -

Verbinde die Punkte in der Reihenfolge der Ergebnisse.

45 : 5 · 6 = **54**
25 : 5 · 7 = **35**
40 : 5 · 8 = **64**
15 : 5 · 9 = **27**
35 : 5 · 4 = **28**
5 : 5 · 5 = **5**
20 : 5 · 6 = **24**
0 : 5 · 8 = **0**
30 : 5 · 8 = **48**

\- 6 -

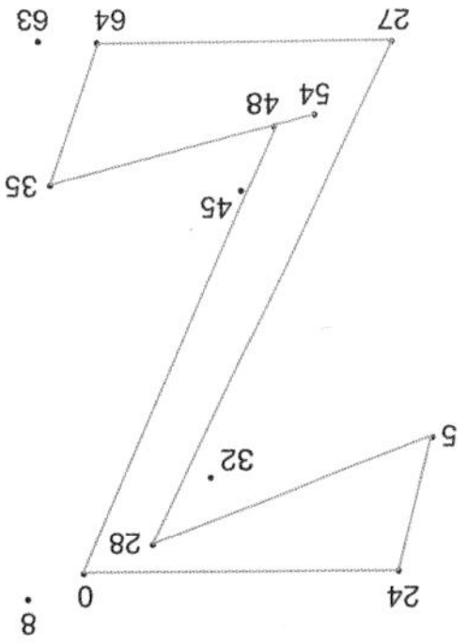

\- 7 -

Male alle Felder mit richtig gelösten Rechnungen aus.

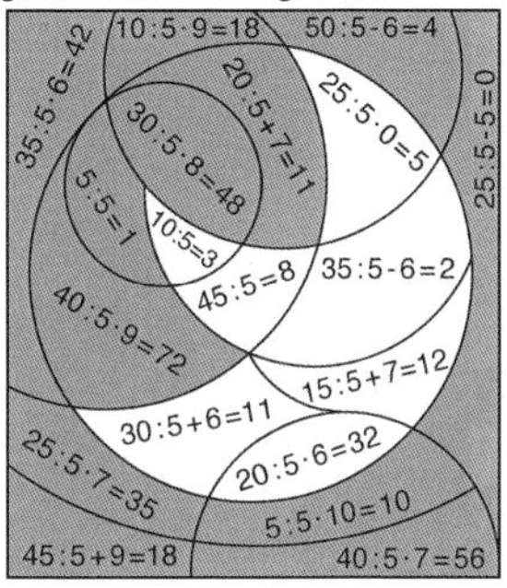

\- 8 -

Teilen 8

Male alle Felder mit richtig gelösten Rechnungen aus.

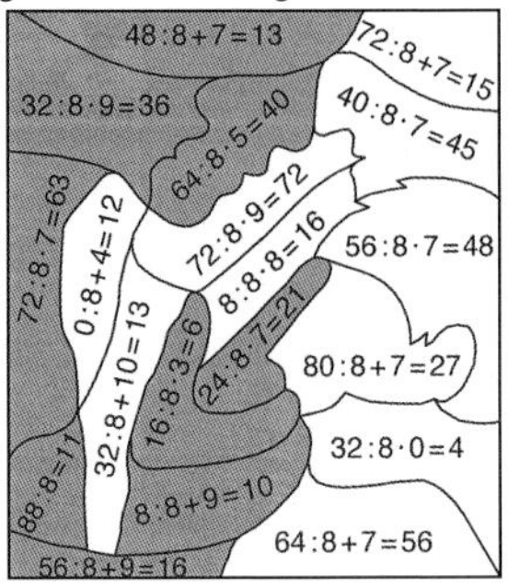

\- 8 -

Teilen
8

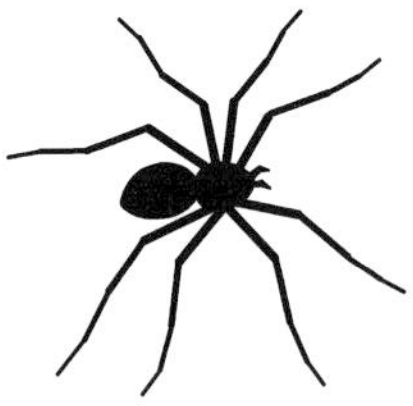

8 : 8 = **1**	**48 : 8 = 6**
16 : 8 = **2**	**56 : 8 = 7**
24 : 8 = 3	**64 : 8 = 8**
32 : 8 = 4	**72 : 8 = 9**
40 : 8 = **5**	80 : 8 = **10**
0 : 8 = **0**	88 : 8 = **11**

\- 2 -

16 : 8 = **2**
48 : 8 = **6**
32 : 8 = **4**
64 : 8 = **8**
8 : 8 = **1**
40 : 8 = **5**
72 : 8 = **9**
24 : 8 = **3**
56 : 8 = **7**
0 : 8 = **0**

\- 3 -

> = <

32 : 8 **>** 11 – 8
56 : 8 **<** 17 – 8
0 : 8 **<** 16 – 8
40 : 8 **<** 17 – 7
64 : 8 **>** 14 – 8
8 : 8 **=** 10 – 9
48 : 8 **<** 15 – 8
24 : 8 **=** 12 – 9

\- 4 -

64 : **8** = 8
24 : 8 = 3
40 : 8 = **5**
0 : 8 = 0
56 : **8** = 7
16 : 8 = 2
80 : 8 = **10**
32 : **8** = 4
72 : **8** = 9
8 : 8 = 1

\- 5 -

Verbinde die Punkte in der Reihenfolge der Ergebnisse.

56 : 8 · 7 = **49**
24 : 8 · 9 = **27**
80 : 8 · 6 = **60**
64 : 8 · 9 = **72**
8 : 8 · 7 = **7**
32 : 8 · 6 = **24**
72 : 8 · 4 = **36**
16 : 8 · 9 = **18**
48 : 8 · 7 = **42**

\- 6 -

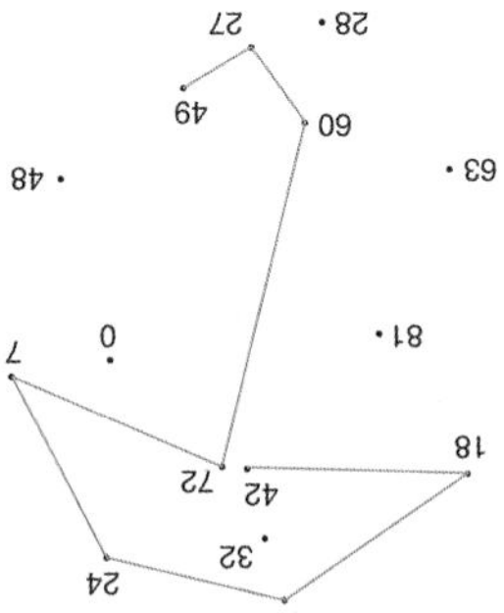

\- 7 -

Teilen 7

Male alle Felder mit richtig gelösten Rechnungen aus.

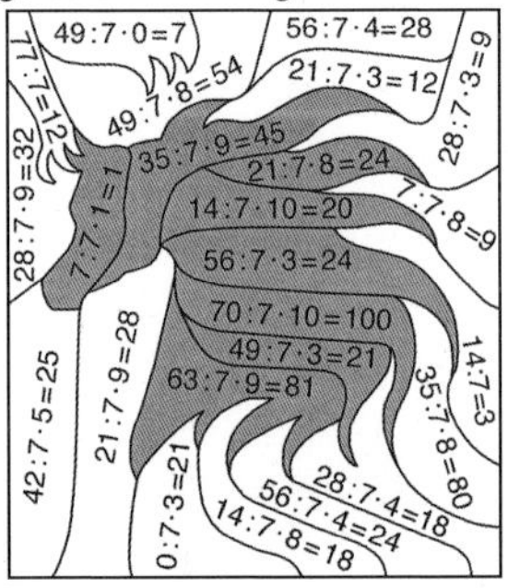

\- 8 -

Teilen
7

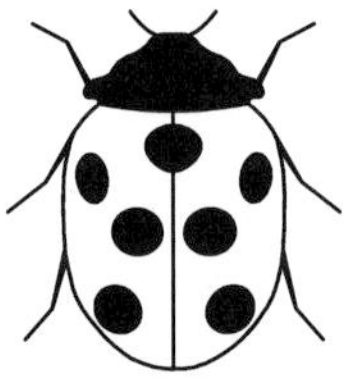

7 : 7 = **1**	**42 : 7 = 6**
14 : 7 = **2**	**49 : 7 = 7**
21 : 7 = 3	**56 : 7 = 8**
28 : 7 = 4	**63 : 7 = 9**
35 : 7 = **5**	70 : 7 = **10**
0 : 7 = **0**	77 : 7 = **11**

\- 2 -

21 : 7 = **3**
56 : 7 = **8**
42 : 7 = **6**
7 : 7 = **1**
63 : 7 = **9**
28 : 7 = **4**
49 : 7 = **7**
14 : 7 = **2**
70 : 7 = **10**
35 : 7 = **5**

\- 3 -

> = <

56 : 7 **<** 11 – 2
70 : 7 **=** 13 – 3
63 : 7 **>** 15 – 8
49 : 7 **=** 12 – 5
42 : 7 **<** 14 – 7
28 : 7 **>** 10 – 7
35 : 7 **<** 16 – 8
21 : 7 **<** 13 – 9

\- 4 -

35 : **7** = 5
14 : 7 = 2
63 : 7 = **9**
0 : 7 = 0
28 : **7** = 4
7 : 7 = 1
56 : 7 = **8**
21 : **7** = 3
70 : **7** = 10
49 : 7 = 7

\- 5 -

Verbinde die Punkte in der Reihenfolge der Ergebnisse.

21 : 7 · 5 = **15**
49 : 7 · 4 = **28**
14 : 7 · 9 = **18**
42 : 7 · 8 = **48**
7 : 7 · 4 = **4**
63 : 7 · 6 = **54**
35 : 7 · 8 = **40**
56 : 7 · 4 = **32**
28 : 7 · 9 = **36**

\- 6 -

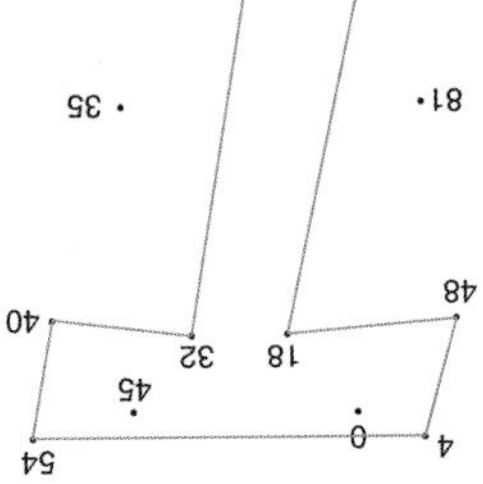

\- 7 -

Lösungen

Teilen 10

Male alle Felder mit richtig gelösten Rechnungen aus.

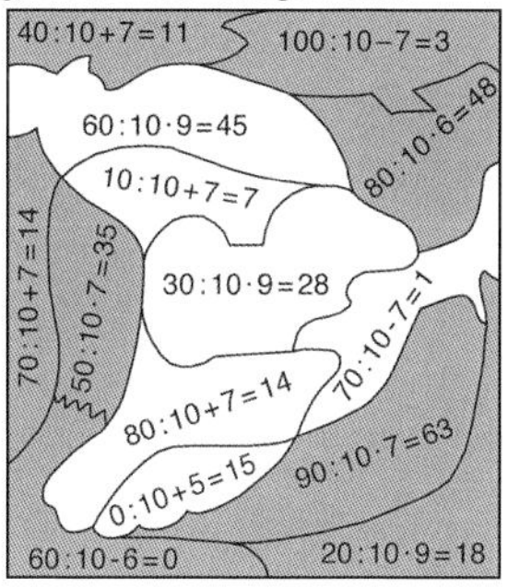

40:10+7=11
100:10−7=3
60:10·9=45
10:10+7=7
80:10·6=48
70:10+7=14
50:10·7=35
30:10·9=28
70:10·7=1
80:10+7=14
0:10+5=15
90:10·7=63
60:10·6=0
20:10·9=18

- 8 -

Teilen
10

10:10 = **1**	**60: 10 = 6**
20:10 = **2**	**70: 10 = 7**
30:10 = 3	**80: 10 = 8**
40:10 = 4	**90: 10 = 9**
50:10 = **5**	100:10 = **10**
0:10 = **0**	110:10 = **11**

- 2 -

80 : 10 = **8**
40 : 10 = **4**
90 : 10 = **9**
30 : 10 = **3**
60 : 10 = **6**
10 : 10 = **1**
100 : 10 = **10**
50 : 10 = **5**
20 : 10 = **2**
70 : 10 = **7**

- 3 -

> = <

60 : 10 **<** 15 − 8
90 : 10 **=** 18 − 9
40 : 10 **>** 11 − 8
70 : 10 **>** 13 − 7
100 : 10 **<** 19 − 8
30 : 10 **=** 13 − 10
80 : 10 **<** 14 − 5
50 : 10 **>** 12 − 9

- 4 -

40 : **10** = 4
70 : 10 = 7
50 : 10 = **5**
90 : 10 = 9
100 : **10** = 10
30 : 10 = 3
0 : 10 = **0**
20 : **10** = 2
80 : **10** = 8
10 : 10 = 1

- 5 -

Verbinde die Punkte in der Reihenfolge der Ergebnisse.

70 : 10 · 5 = **35**
30 : 10 · 5 = **15**
90 : 10 · 5 = **45**
50 : 10 · 5 = **25**
20 : 10 · 5 = **10**
100 : 10 · 5 = **50**
60 : 10 · 5 = **30**
40 : 10 · 5 = **20**
80 : 10 · 5 = **40**

- 6 -

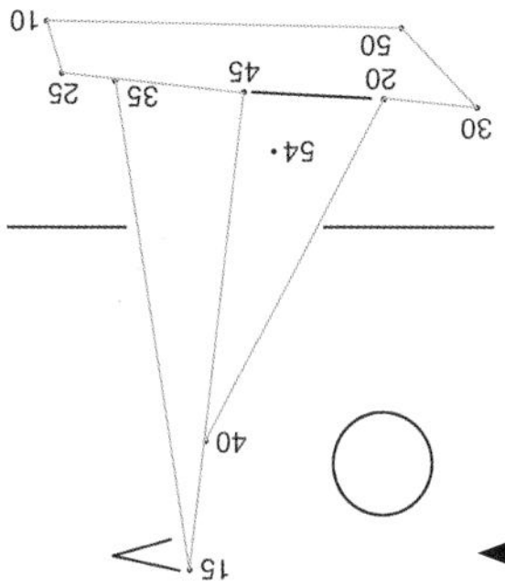

- 7 -

Teilen 9

Male alle Felder mit richtig gelösten Rechnungen aus.

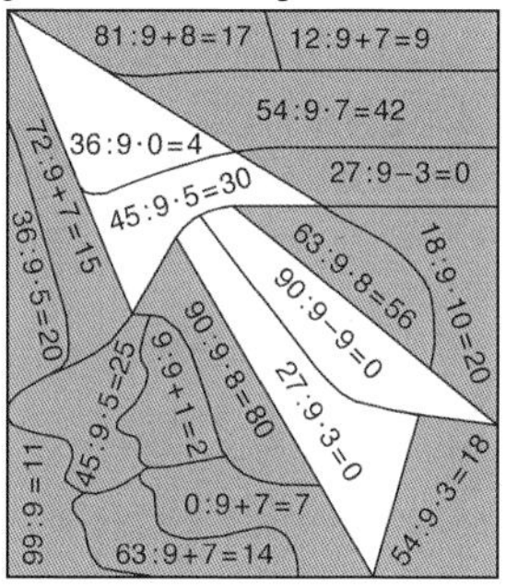

81:9+8=17
12:9+7=9
54:9·7=42
36:9·0=4
27:9−3=0
72:9+7=15
45:9·5=30
36:9·5=20
63:9·8=56
18:9·10=20
90:9−9=0
90:9·8=80
45:9·5=25
9:9+1=2
27:9·3=0
99:9=11
0:9+7=7
54:9·3=18
63:9+7=14

- 8 -

Teilen
9

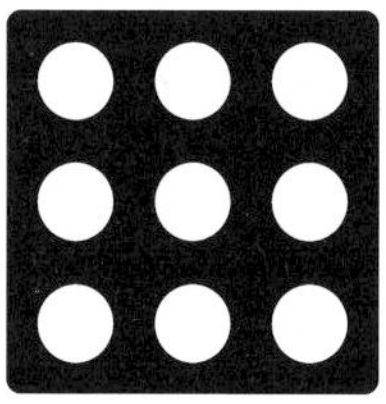

9 : 9 = **1**	**54 : 9 = 6**
18 : 9 = **2**	**63 : 9 = 7**
27 : 9 = 3	**72 : 9 = 8**
36 : 9 = 4	**81 : 9 = 9**
45 : 9 = **5**	90 : 9 = **10**
0 : 9 = **0**	99 : 9 = **11**

- 2 -

54 : 9 = **6**
27 : 9 = **3**
81 : 9 = **9**
9 : 9 = **1**
72 : 9 = **8**
36 : 9 = **4**
90 : 9 = **10**
18 : 9 = **2**
63 : 9 = **7**
45 : 9 = **5**

- 3 -

> = <

27 : 9 **<** 14 − 7
54 : 9 **>** 12 − 7
72 : 9 **=** 17 − 9
9 : 9 **>** 9 − 9
36 : 9 **=** 12 − 8
63 : 9 **>** 15 − 9
18 : 9 **<** 7 − 4
45 : 9 **=** 10 − 5

- 4 -

36 : **9** = 4
18 : 9 = 2
0 : 9 = **0**
45 : 9 = 5
27 : **9** = 3
72 : 9 = 8
9 : 9 = **1**
90 : **9** = 10
54 : **9** = 6
63 : 9 = 7

- 5 -

Verbinde die Punkte in der Reihenfolge der Ergebnisse.

63 : 9 · 8 = **56**
27 : 9 · 5 = **15**
45 : 9 · 7 = **35**
81 : 9 · 4 = **36**
9 : 9 · 10 = **10**
72 : 9 · 6 = **48**
54 : 9 · 7 = **42**
36 : 9 · 8 = **32**
18 : 9 · 7 = **14**

- 6 -

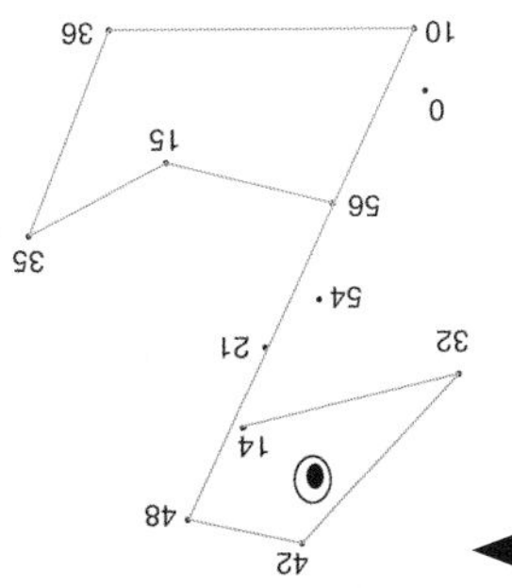

- 7 -

Verteile gerecht

Male die Kugeln mit verschiedenen Farben so aus, dass jedes Kind gleich viele von seiner Farbe bekommt.

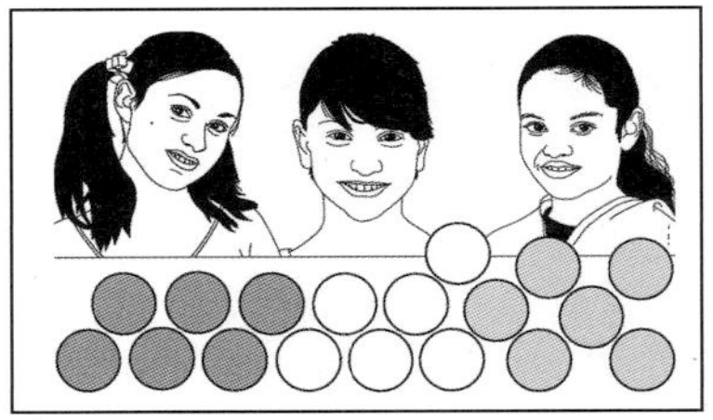

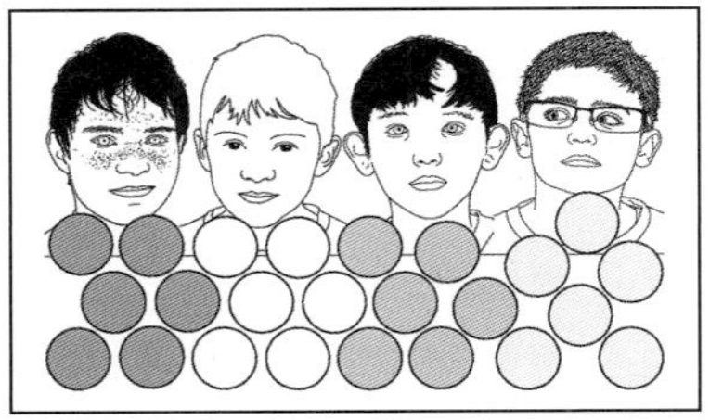

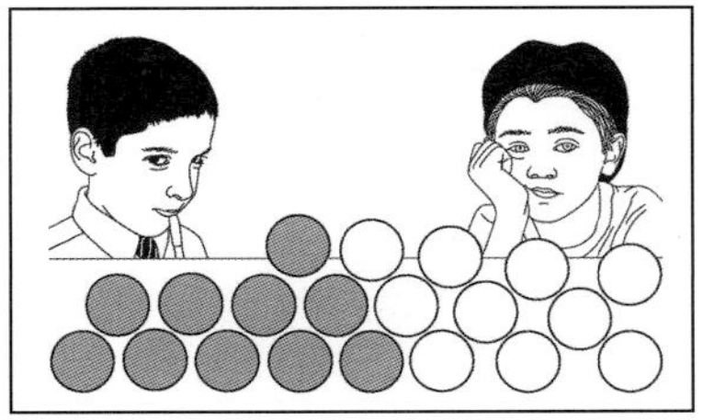

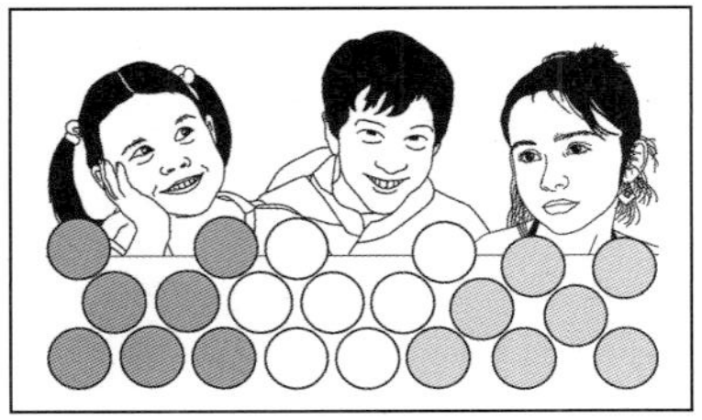

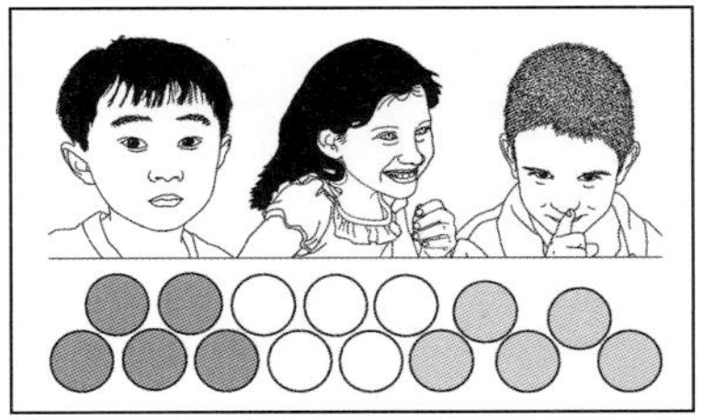

15

Verteile die Wurst

Zähle die Abschnitte der Wurst. Verteile sie gerecht auf die abgebildeten Personen.
Male die Abschnitte mit verschiedenen Farben aus.
Schreibe jeweils die Rechnung dazu.

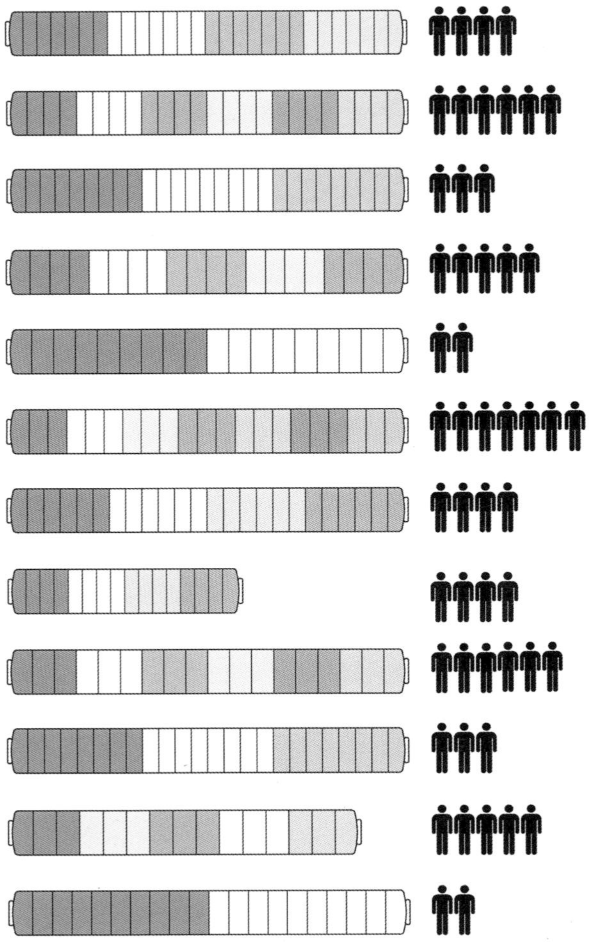

28 : 4 = 7

24 : 6 = 4

27 : 3 = 9

20 : 5 = 4

18 : 2 = 9

21 : 7 = 3

24 : 4 = 6

16 : 4 = 4

18 : 6 = 3

24 : 3 = 8

15 : 5 = 3

20 : 2 = 10

16

Wie viele Farben?

Zähle die kleinen Quadrate.
Male stets so viele in der gleichen Farbe aus, wie angegeben ist.
Stelle fest, wie viele verschiedene Farben du benötigt hast.
Notiere darunter die Rechnung.

9

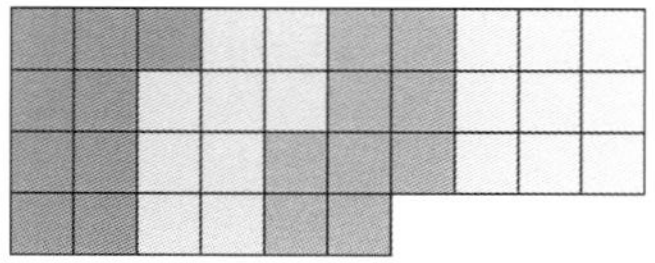

36 : 9 = 4

7

21 : 7 = 3

9

45 : 9 = 5

5

35 : 5 = 7

3

18 : 3 = 6

4

32 : 4 = 8

6

24 : 6 = 4

7

42 : 7 = 6

8

40 : 8 = 5

4

16 : 4 = 4

17

Verflixte 0 und 1

Alle Rechnungen haben etwas mit den Zahlen 0 oder 1 zu tun.
Setze die fehlenden Zahlen ein.
Male das Herz hellblau, wenn du die 0 eingesetzt hast.
Male das Herz rot, wenn du die 1 eingesetzt hast.
Wenn du eine andere Zahl eingesetzt hast, bleibt das Herz weiß.

7 : 1 = 7   0 : 9 = 0   0 : 6 = 0   4 : 4 = 1   8 : 8 = 1

10 : 10 = 1   5 : 5 = 0...

8 : 1 = 8   5 : 1 = 5   6 : 6 = 1   1 : 1 = 1

0 : 2 = 0   3 : 1 = 3   0 : 7 = 0   10 : 10 = 1   7 : 7 = 1

10 : 10 = 1   9 : 1 = 9   5 : 1 = 5   3 : 3 = 1   9 : 9 = 1

4 : 1 = 4   8 : 8 = 1   1 : 1 = 1   2 : 1 = 2

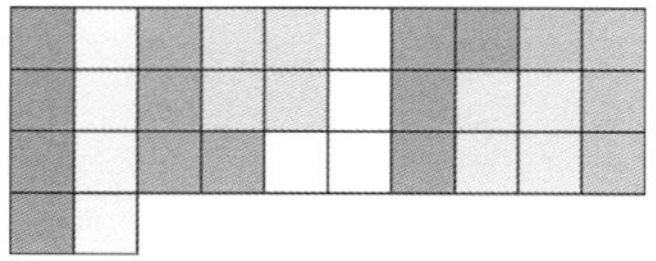

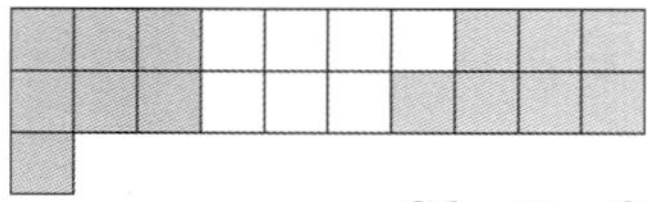

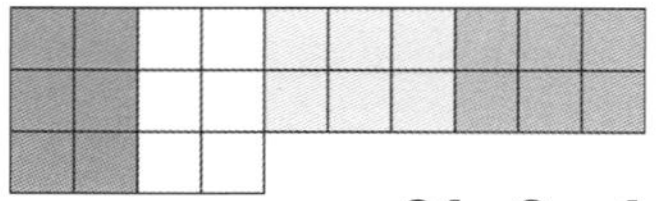

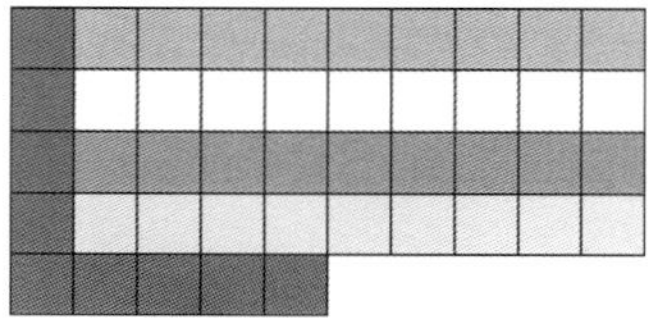

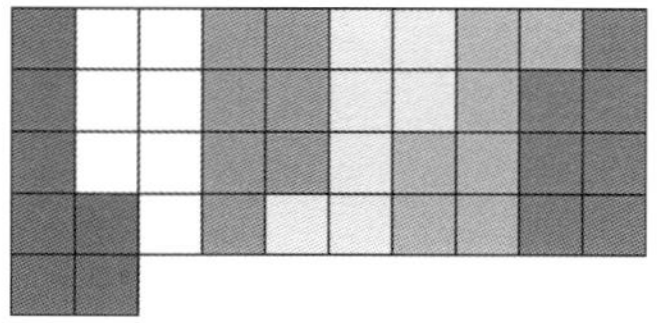

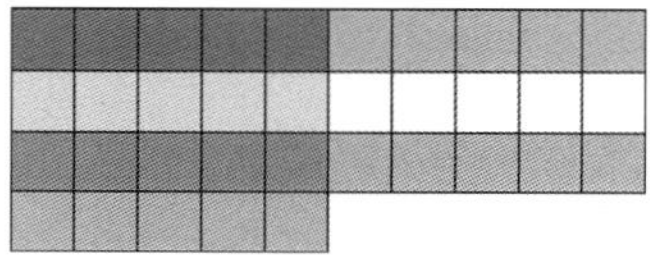

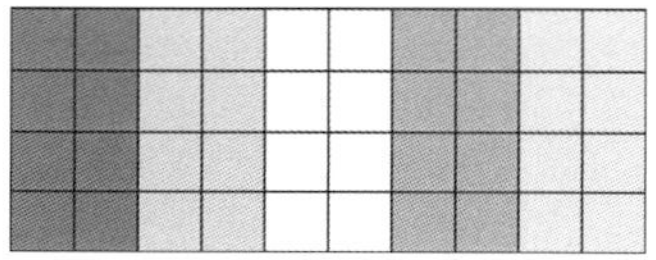

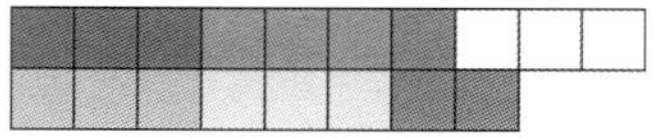

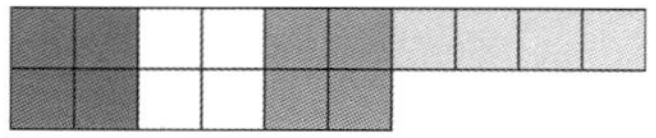

Teilen 3

Schreibe die fehlenden Zahlen auf die Linien.

9 : 3 = 10 – **7**
12 : 3 = 12 – **8**
30 : 3 = 10 – **0**
18 : 3 = 15 – **9**
27 : 3 = 11 – **2**
15 : 3 = 13 – **8**
21 : 3 = 12 – **5**
3 : 3 = 10 – **9**
24 : 3 = 15 – **7**
0 : 3 = 9 – **9**
6 : 3 = 6 – **4**

Verbinde die Rechnungen mit dem passenden Ergebnis.

18 : 3 · 4 — 14
27 : 3 · 6 — 48
6 : 3 · 7 — 40
12 : 3 · 8 — 24
24 : 3 · 6 — 32
9 : 3 · 7 — 8
30 : 3 · 4 — 54
0 : 3 · 8 — 35
15 : 3 · 7 — 63
3 : 3 · 8 — 0
21 : 3 · 9 — 21

Male alle Felder aus, in denen eine Zahl steht, die durch 3 teilbar ist.
Es sind auch Zahlen dabei, die größer sind als 30.

20

Teilen 2

Löse zuerst alle Aufgaben.
Verbinde die Punkte in der Reihenfolge der Ergebnisse.

18 : 2 = **9**
10 : 2 = **5**
2 : 2 = **1**
14 : 2 = **7**
6 : 2 = **3**
16 : 2 = **8**
4 : 2 = **2**
12 : 2 = **6**
8 : 2 = **4**
0 : 2 = **0**
20 : 2 = **10**

16 : 2 + 7 = **15**
12 : 2 + 8 = **14**
8 : 2 + 7 = **11**
18 : 2 + 9 = **18**
14 : 2 + 6 = **13**
6 : 2 + 9 = **12**
20 : 2 + 7 = **17**
10 : 2 + 11 = **16**
2 : 2 + 20 = **21**
12 : 2 + 30 = **36**
18 : 2 + 20 = **29**

14 : 2 · 7 = **49**
18 : 2 · 5 = **45**
12 : 2 · 8 = **48**
8 : 2 · 8 = **32**
16 : 2 · 5 = **40**
10 : 2 · 7 = **35**
6 : 2 · 8 = **24**
18 : 2 · 6 = **54**
14 : 2 · 6 = **42**
10 : 2 · 6 = **30**
16 : 2 · 7 = **56**

19

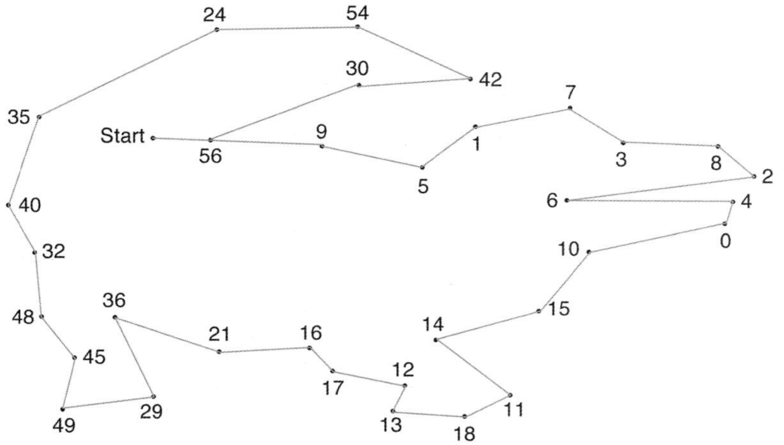

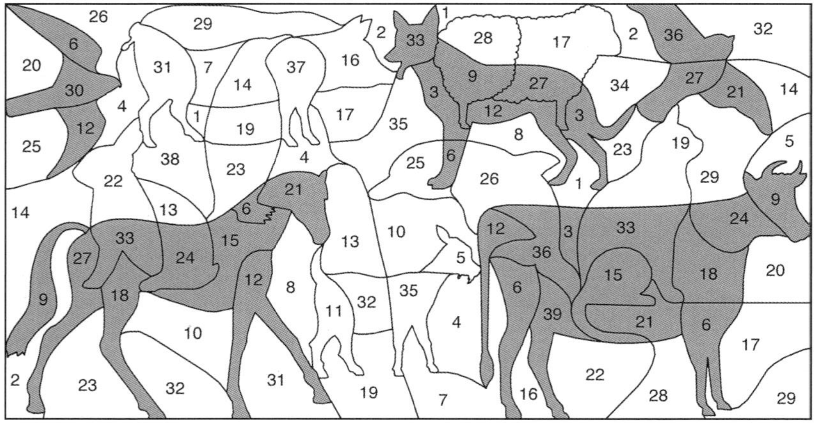

Teilen 4

Löse zuerst alle Aufgaben.
Male dann alle Felder mit den entsprechenden Ergebnissen aus.

24 : 4 = **6**
8 : 4 = **2**
32 : 4 = **8**
40 : 4 = **10**
0 : 4 = **0**
28 : 4 = **7**
16 : 4 = **4**
36 : 4 = **9**
4 : 4 = **1**
12 : 4 = **3**
20 : 4 = **5**
16 : 4 · 11 = **44**
24 : 4 · 8 = **48**
8 : 4 · 3 = **6**
20 : 4 · 6 = **30**
32 : 4 · 7 = **56**
12 : 4 · 9 = **27**
28 : 4 · 5 = **35**
0 : 4 · 9 = **0**
40 : 4 · 5 = **50**
36 : 4 · 6 = **54**
4 : 4 · 7 = **7**

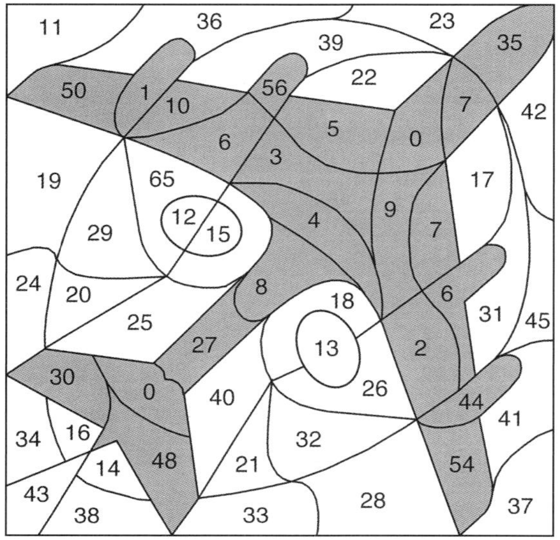

*Übermale die **sieben** Zahlen, die in diesem kurzen Text stecken, mit einer hellen Farbe. Schreibe die Zahlen am rechten Rand auf.*

Gestern hat ein Komponist an seinem Klavier	**4**
ein neues Lied gemacht.	**8**
Zuerst ist er fast verzweifelt. Ihm fiel keins ein.	**2 1**
Erst das Lied einer Amsel, die ganz dreist auf	**3**
einem Ast vor seinem Fenster saß, konnte ihm	
helfen. Sein Kind nuckelte unten im Garten	**11**
friedlich an seinem Schnuller.	**0**

Teilen 5

Beginne jede Kettenrechnung beim dunklen Feld.

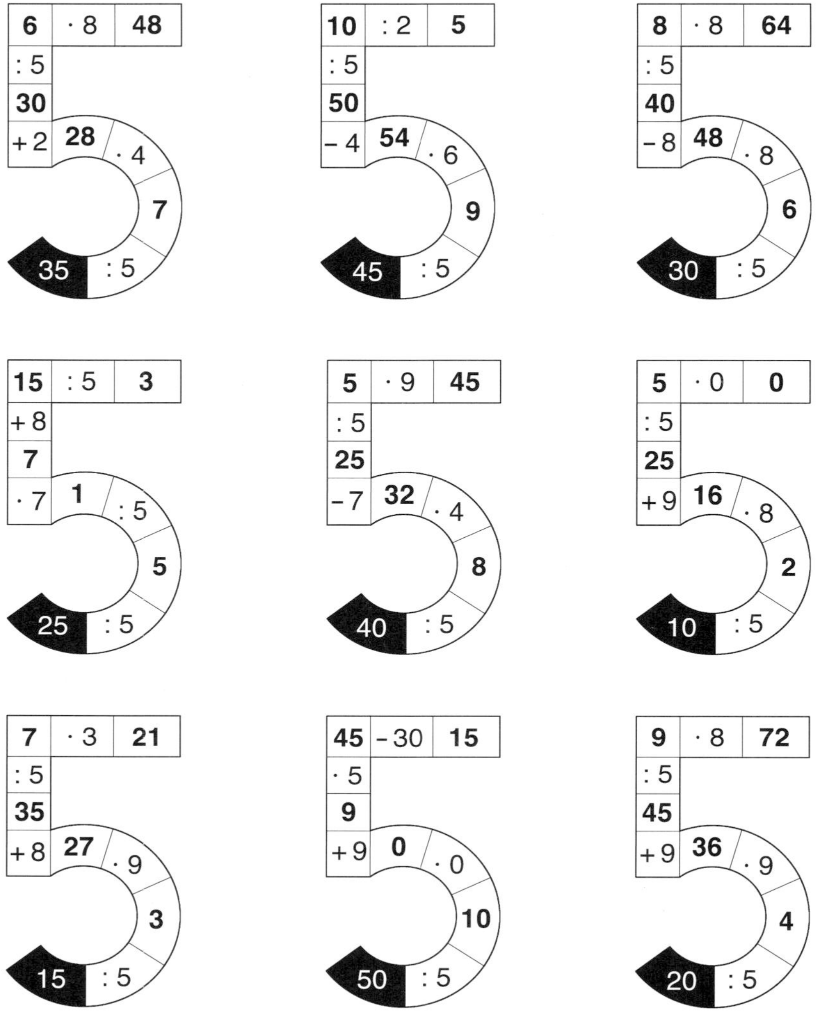
6 · 8 48 : 5 30 + 2 28 · 4 7 : 5 35
10 : 2 5 : 5 50 – 4 54 · 6 9 : 5 45
8 · 8 64 : 5 40 – 8 48 · 8 6 : 5 30
15 : 5 3 + 8 7 · 7 1 : 5 5 : 5 25
5 · 9 45 : 5 25 – 7 32 · 4 8 : 5 40
5 · 0 0 : 5 25 + 9 16 · 8 2 : 5 10
7 · 3 21 : 5 35 + 8 27 · 9 3 : 5 15
45 – 30 15 · 5 9 + 9 0 · 0 10 : 5 50
9 · 8 72 : 5 45 + 9 36 · 9 4 : 5 20

Teilen 7

Male zuerst bei jeder Aufgabe den kleinen Kreis beim richtigen Ergebnis aus. Verbinde darauf die ausgemalten Kreise mit geraden Linien von oben nach unten.

21 : 7 = **3**
35 : 7 = **5**
28 : 7 = **4**
49 : 7 = **7**
42 : 7 = **6**
56 : 7 = **8**
70 : 7 = **10**
63 : 7 = **9**
14 : 7 = **2**
7 : 7 = **1**
(36 – 8) : 7 = **4**
(41 – 6) : 7 = **5**
(61 – 5) : 7 = **8**
(38 + 4) : 7 = **6**
(54 + 9) : 7 = **9**
(54 – 5) : 7 = **7**
(38 + 4) : 7 = **6**
(22 + 6) : 7 = **4**
(51 – 2) : 7 = **7**
(48 + 8) : 7 = **8**
(33 + 9) : 7 = **6**
(71 – 8) : 7 = **9**
(62 – 6) : 7 = **8**
(27 + 8) : 7 = **5**
(7 – 7) : 7 = **0**

24

Teilen 6

Du erfährst die Namen der Kinder, wenn du die Buchstaben aus der Liste neben die entsprechenden Ergebnisse schreibst. Lies von oben nach unten oder von unten nach oben. Schreibe die Namen auf.

0 U	3 N	6 K	9 S
1 M	4 O	7 A	10 R
2 E	5 L	8 I	

Mario
(36 : 6) : 6 = **1 M**
(35 + 7) : 6 = **7 A**
(52 + 8) : 6 = **10 R**
(52 – 4) : 6 = **8 I**
(3 · 8) : 6 = **4 O**

 Ilona
(35 + 7) : 6 = **7 A**
(9 + 9) : 6 = **3 N**
(6 · 4) : 6 = **4 O**
(39 – 9) : 6 = **5 L**
(39 + 9) : 6 = **8 I**

 Oskar
(54 + 6) : 6 = **10 R**
(51 – 9) : 6 = **7 A**
(9 · 4) : 6 = **6 K**
(49 + 5) : 6 = **9 S**
(31 – 7) : 6 = **4 O**

 Erika
(21 – 9) : 6 = **2 E**
(67 – 7) : 6 = **10 R**
(53 – 5) : 6 = **8 I**
(27 + 9) : 6 = **6 K**
(33 + 9) : 6 = **7 A**

 Selma
(36 + 6) : 6 = **7 A**
(14 – 8) : 6 = **1 M**
(25 + 5) : 6 = **5 L**
(6 + 6) : 6 = **2 E**
(61 – 7) : 6 = **9 S**

 Lukas
(33 – 3) : 6 = **5 L**
(6 – 6) : 6 = **0 U**
(33 + 3) : 6 = **6 K**
(34 + 8) : 6 = **7 A**
(60 – 6) : 6 = **9 S**

 Karin
(41 – 5) : 6 = **6 K**
(49 – 7) : 6 = **7 A**
(53 + 7) : 6 = **10 R**
(44 + 4) : 6 = **8 I**
(25 – 7) : 6 = **3 N**

 Niels
(47 + 7) : 6 = **9 S**
(25 + 5) : 6 = **5 L**
(15 – 3) : 6 = **2 E**
(43 + 5) : 6 = **8 I**
(11 + 7) : 6 = **3 N**

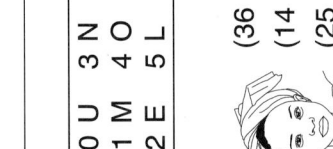

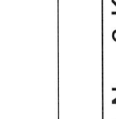

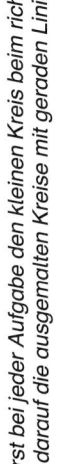

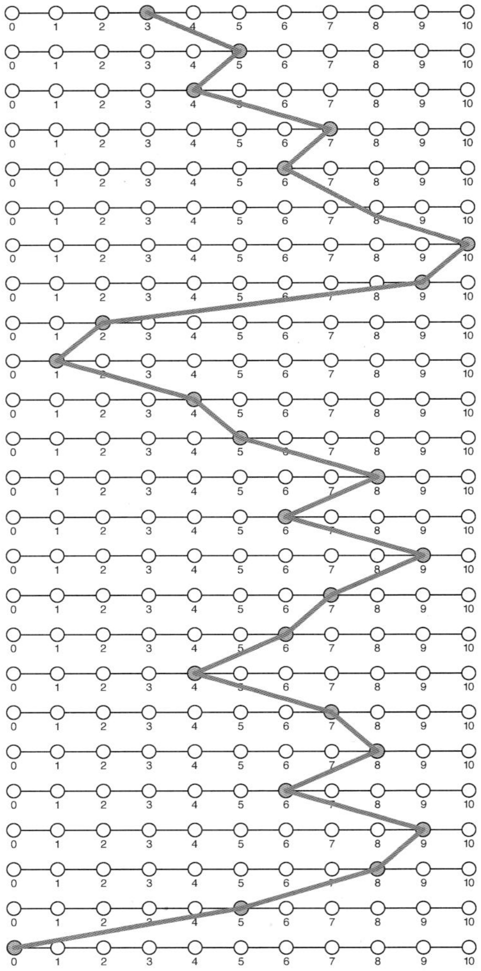

Teilen 8

Löse zuerst alle Aufgaben.
Verbinde die Punkte in der Reihenfolge der Ergebnisse.
Einige Punkte bleiben übrig.

48 : 8 = **6**	72 : 8 · 3 = **27**	64 : 8 · 6 = **48**
16 : 8 = **2**	32 : 8 · 7 = **28**	56 : 8 · 9 = **63**
64 : 8 = **8**	40 : 8 · 9 = **45**	32 : 8 · 4 = **16**
40 : 8 = **5**	56 : 8 · 7 = **49**	48 : 8 · 9 = **54**
0 : 8 = **0**	8 : 8 + 20 = **21**	72 : 8 · 4 = **36**
72 : 8 = **9**	80 : 8 · 6 = **60**	24 : 8 + 30 = **33**
24 : 8 = **3**	24 : 8 · 5 = **15**	80 : 8 · 5 = **50**
56 : 8 = **7**	64 : 8 + 9 = **17**	16 : 8 + 50 = **52**
8 : 8 = **1**	0 : 8 + 30 = **30**	64 : 8 · 9 = **72**
32 : 8 = **4**	48 : 8 · 7 = **42**	8 : 8 + 40 = **41**
80 : 8 = **10**	16 : 8 · 9 = **18**	40 : 8 · 7 = **35**

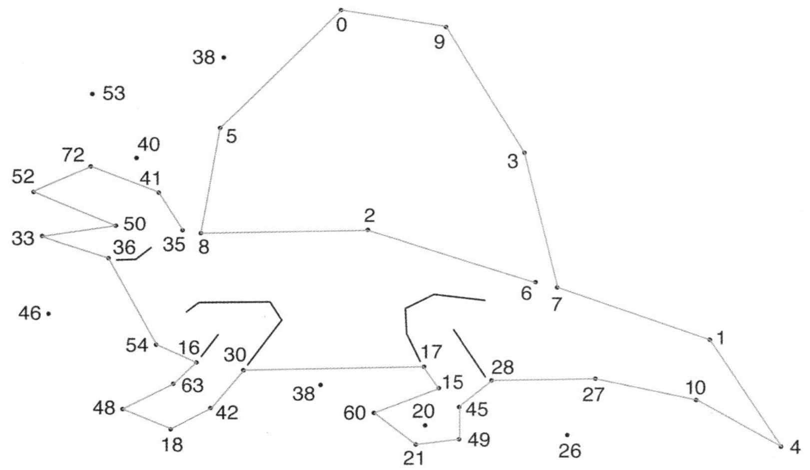

Teilen 9

Löse die Aufgaben in den Rechenpfeilen.
Schreibe den passenden Buchstaben aus der Liste in den Kreis an der Spitze.
Schüttle alle benutzten Buchstaben so, dass du ein sinnvolles Wort erhältst.

36 : 9	**4**	· 8	**32**	+ 40	**72**	: 9	**8**	· 6	**48** → **F**
54 : 9	**6**	· 8	**48**	– 30	**18**	: 9	**2**	· 8	**16** → **E**
63 : 9	**7**	· 5	**35**	+ 10	**45**	: 9	**5**	· 7	**35** → **N**
27 : 9	**3**	· 7	**21**	+ 60	**81**	: 9	**9**	· 4	**36** → **M**
72 : 9	**8**	· 7	**56**	– 20	**36**	: 9	**4**	· 8	**32** → **I**
90 : 9	**10**	· 5	**50**	– 50	**0**	: 9	**0**	· 8	**0** → **L**

Lösung:

FILMEN

Buchstabenliste			
0	L	36	M
8	R	40	D
14	A	42	K
16	E	45	O
24	S	48	F
28	T	49	W
32	I	54	H
35	N	56	B

(80 – 8) : 9 = **8**
(50 – 5) : 9 = **5**
(40 – 4) : 9 = **4**
(70 – 7) : 9 = **7**
(20 – 2) : 9 = **2**
(100 – 10) : 9 = **10**
(60 – 6) : 9 = **6**
(30 – 3) : 9 = **3**
(90 – 9) : 9 = **9**
(10 – 1) : 9 = **1**

Verdoppeln

Verdopple die Bilder und schreibe darunter, wie viele dunkle Felder es im Ganzen sind.

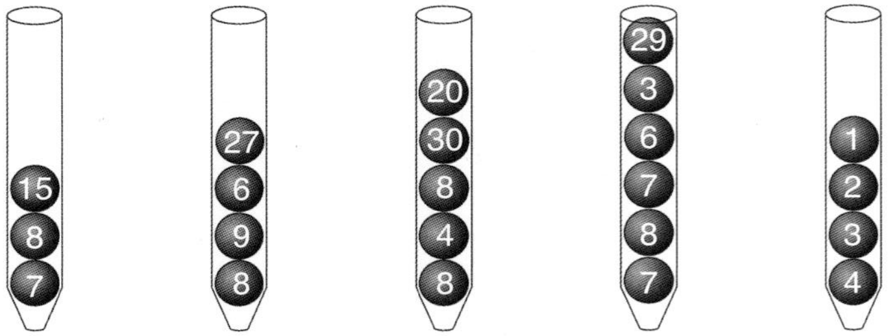

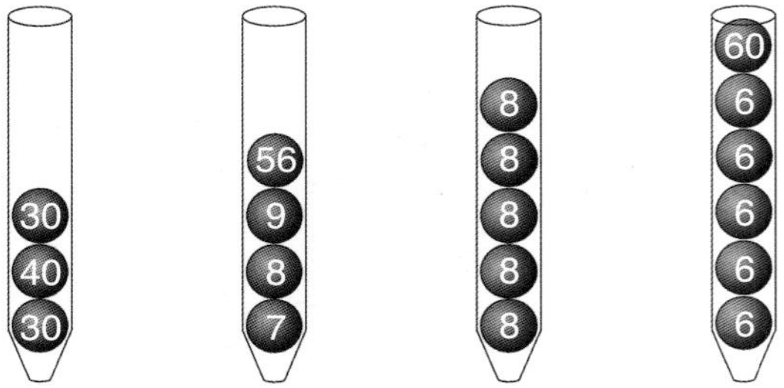

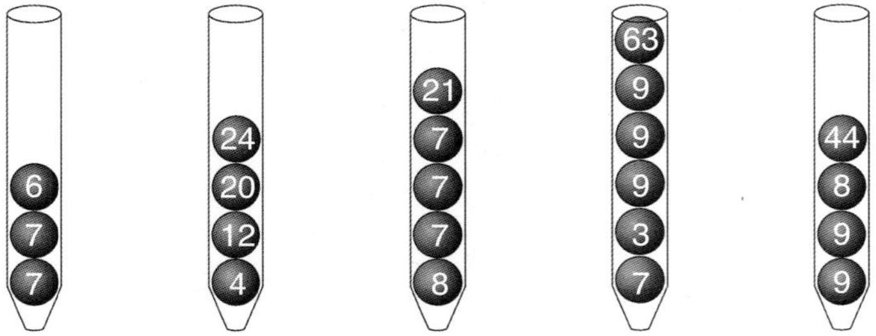

15   2 · 15 = **30**

17   2 · 17 = **34**

24   2 · 24 = **48**

28   2 · 28 = **56**

Verdopple die Zahlen.

20	**40**	13	**26**	42	**84**	16	**32**	36	**72**
40	**80**	11	**22**	23	**46**	19	**38**	49	**98**
30	**60**	14	**28**	31	**62**	17	**34**	28	**56**
50	**100**	12	**24**	54	**108**	15	**30**	37	**74**

Verdopple die Malrechnungen.

3 · 7 = **21**	4 · 8 = **32**	4 · 7 = **28**
6 · 7 = **42**	8 · 8 = **64**	8 · 7 = **56**

2 · 9 = **18**	5 · 4 = **20**	8 · 6 = **48**
4 · 9 = **36**	10 · 4 = **40**	16 · 6 = **96**

6 · 7 = **42**	7 · 4 = **28**	9 · 3 = **27**
12 · 7 = **84**	14 · 4 = **56**	18 · 3 = **54**

4 · 6 = **24**	6 · 6 = **36**	8 · 3 = **24**
8 · 6 = **48**	12 · 6 = **72**	16 · 3 = **48**

Teilen 10

Zähle den Wert aller Kugeln in einem Rohr zusammen. Teile das Ergebnis durch 10.

30 : 10 = 3   50 : 10 = 5   70 : 10 = 7   60 : 10 = 6   10 : 10 = 1

100 : 10 = 10   80 : 10 = 8   40 : 10 = 4   90 : 10 = 9

20 : 10 = 2   60 : 10 = 5   50 : 10 = 5   100 : 10 = 10   70 : 10 = 7

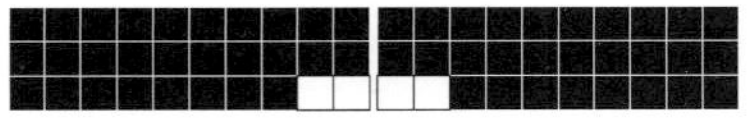

Superzahlen

Es gibt Zahlen, die nicht teilbar sind (außer durch 1 oder durch sich selbst). Beispiele: 13, 19, 23, 31.

Aber es gibt auch Zahlen, die durch sehr viele Zahlen geteilt werden können. Genau diese suchen wir.

Welche von den hier genannten Zahlen ist am besten teilbar? Denke daran, dass man auch durch größere Zahlen als 10 teilen kann.

Schreibe zu jeder Zahl alle Möglichkeiten.

18: :2 = 9 :3 = 6 :6 = 3 :9 = 2

30: :2 = 15 :15 = 2 :3 = 10 :5 = 6 :6 = 5 :10 = 3

48: :2 = 24 :12 = 4 :3 = 16 :16 = 3 :4 = 12 :24 = 2 :6 = 8 :8 = 6

60: :2 = 30 :10 = 6 :3 = 20 :12 = 5 :4 = 15 :15 = 4 :5 = 12 :20 = 3 :6 = 10 :30 = 2

24: :2 = 12 :12 = 2 :3 = 8 :4 = 6 :6 = 4 :8 = 3

36: :2 = 18 :12 = 3 :3 = 12 :18 = 2 :4 = 9 :6 = 6 :9 = 4

54: :2 = 27 :27 = 2 :3 = 18 :6 = 9 :9 = 6 :18 = 3

Meine Superzahl ist die HUNDert.

100: :2 = 50 :4 = 25 :5 = 20 :10 = 10 :20 = 5 :25 = 4 :50 = 2

30

Halbieren

Halbieren bedeutet, etwas so zu verteilen, dass es zweimal genau gleich viele sind.

Male in jedem Korb eine Hälfte der Äpfel rot, die andere gelb aus. Notiere darunter, wie viel die Hälfte ist.

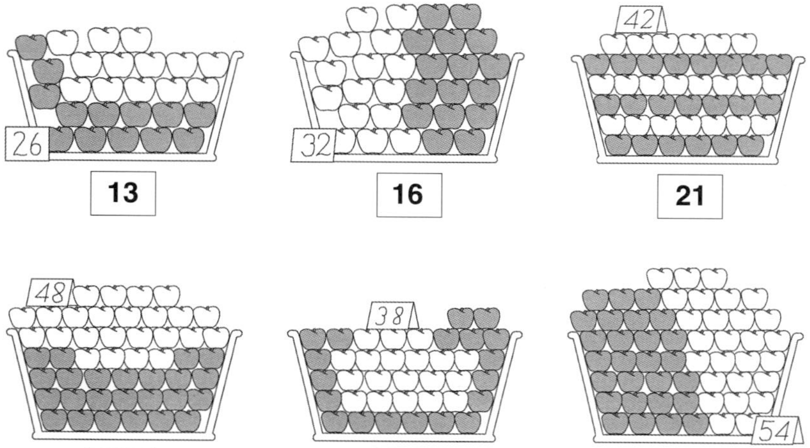

 42 → 21

 32 → 16

 26 → 13

 54 → 27

 38 → 19

 48 → 24

Halbiere die Zahlen.

40	20
80	40
30	15
50	25
90	45

28	14
46	23
82	41
66	33
102	51

34	17
52	26
76	38
98	49
58	29

64	32
72	36
56	28
36	18
88	44

Lösungen

Teilen alle Reihen 1

Male alle Felder aus, die eine richtig gelöste Rechnung enthalten. Falsch gelöste Aufgaben bleiben weiß.

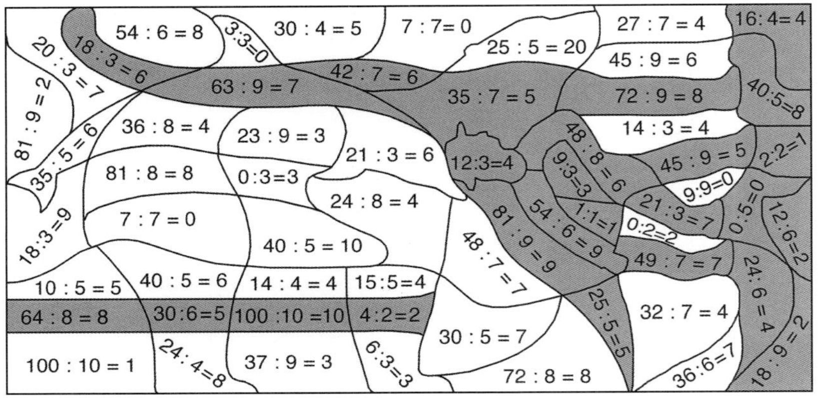
54 : 6 = 8
3:3=0
30 : 4 = 5
7 : 7= 0
27 : 7 = 4
16:4=4
20 : 3 = 7
18 : 3 = 6
63 : 9 = 7
42 : 7 = 6
25 : 5 = 20
45 : 9 = 6
35 : 7 = 5
72 : 9 = 8
40:5=8
81 : 9 = 2
36 : 8 = 4
23 : 9 = 3
14 : 3 = 4
35 : 5 = 6
81 : 8 = 8
0:3=3
21 : 3 = 6
12:3=4
48 : 8 = 6
45 : 9 = 5
2:2=1
9:3=3
9:9=0
24 : 8 = 4
1:1=1
21 : 3=7
7 : 7 = 0
54 : 6 = 9
0:2=2
0:5=0
12:6=2
18:3=9
40 : 5 = 10
81 : 9 = 9
48 : 7 = 7
49 : 7 = 7
10 : 5 = 5
40 : 5 = 6
14 : 4 = 4
15:5=4
24 : 6 = 4
64 : 8 = 8
30:6=5
100 :10 =10
4:2=2
25 : 5=5
32 : 7 = 4
30 : 5 = 7
18 : 9 = 2
100 : 10 = 1
24 : 4=8
37 : 9 = 3
6:3=3
36 :6=7
72 : 8 = 8

Verbinde die Aufgaben mit dem richtigen Ergebnis. Wähle für jedes Ergebnis eine andere Farbe.

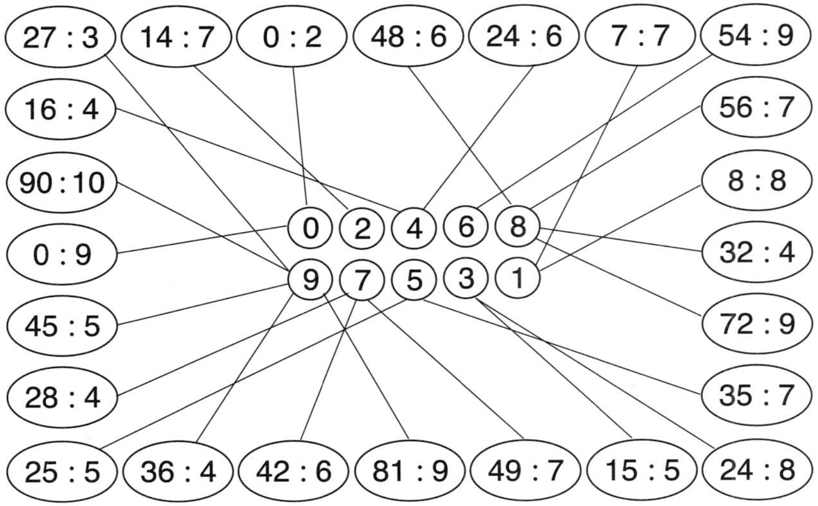
27 : 3
14 : 7
0 : 2
48 : 6
24 : 6
7 : 7
54 : 9
16 : 4
56 : 7
90 : 10
8 : 8
0 : 9
32 : 4
45 : 5
72 : 9
28 : 4
35 : 7
25 : 5
36 : 4
42 : 6
81 : 9
49 : 7
15 : 5
24 : 8
0
2
4
6
8
9
7
5
3
1

31

Teilen alle Reihen

Male alle Felder aus, welche die verlangten Rechnungen enthalten.

Das Ergebnis muss 7 sein.

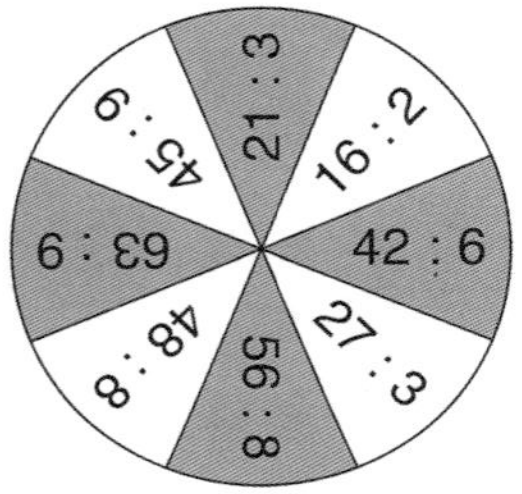
21 : 3
16 : 2
42 : 6
27 : 3
56 : 8
48 : 8
63 : 9
45 : 9

Das Ergebnis muss 4 sein.

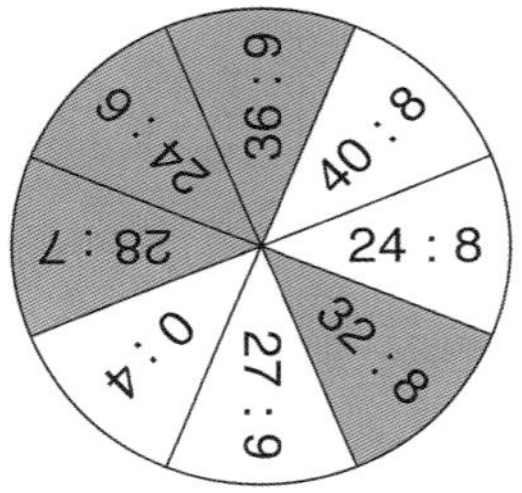
36 : 9
40 : 8
24 : 8
32 : 8
27 : 9
0 : 4
28 : 7
24 : 6

Das Ergebnis muss 9 sein.

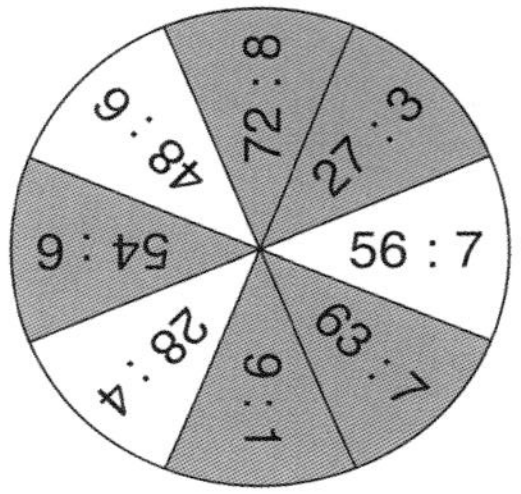
72 : 8
27 : 3
56 : 7
63 : 7
9 : 1
28 : 4
54 : 6
48 : 6

Das Ergebnis muss 6 sein.

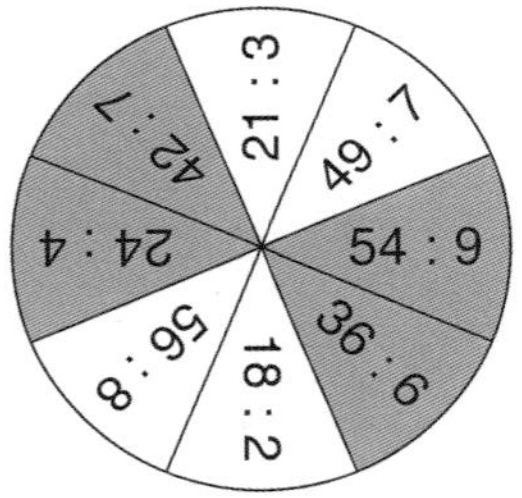
21 : 3
49 : 7
54 : 9
36 : 6
18 : 2
56 : 8
24 : 4
42 : 7

Das Ergebnis muss 8 sein.

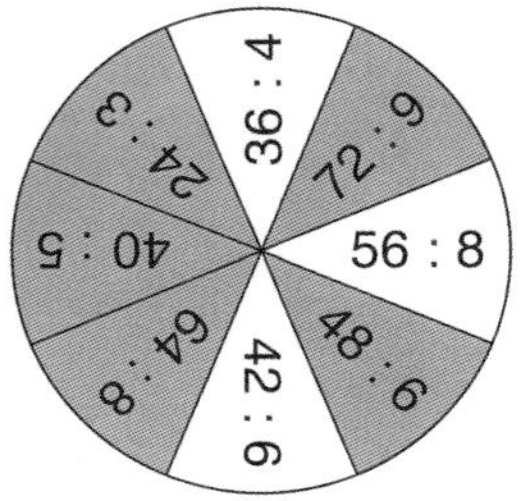

Das Ergebnis muss 3 sein.

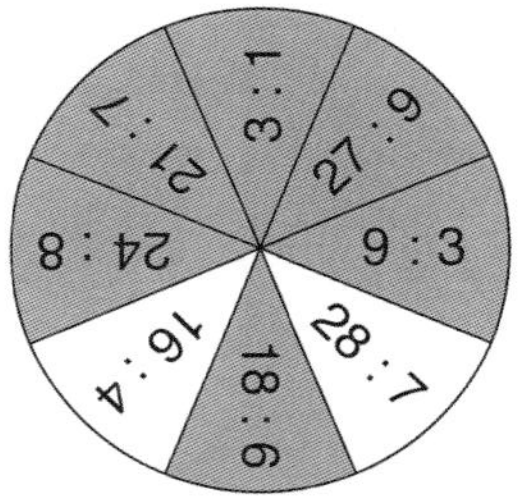
3 : 1
27 : 9
9 : 3
28 : 7
18 : 6
16 : 4
24 : 8
21 : 7

Das Ergebnis muss 2 sein.

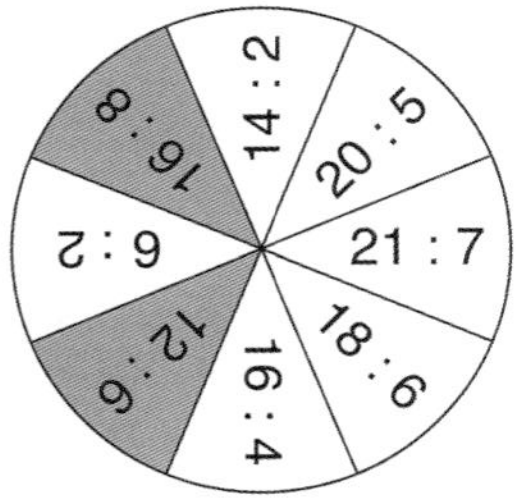

Das Ergebnis muss 5 sein.

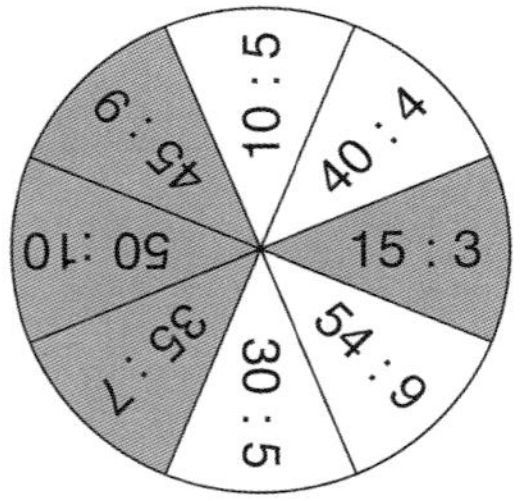
10 : 5
40 : 4
15 : 3
54 : 9
30 : 5
35 : 7
50 : 10
45 : 9

32

Lösungen

Zerlegen 1

0	R
1	E
2	K
3	F
4	D
5	A
6	C
7	L
8	S
9	H
10	O

Schreibe hinter jede Zahl, die du eingesetzt hast, den passenden Buchstaben aus der Liste.
Male die Tiere aus, deren Namen du gefunden hast.
Lies von oben nach unten oder von unten nach oben.

$25 = 3 \cdot 7 + 4$ **D**	$35 = 3 \cdot 9 + 8$ **S**
$41 = 6 \cdot 6 + 5$ **A**	$6 = 6 \cdot 0 + 6$ **C**
$34 = 4 \cdot 7 + 6$ **C**	$45 = 6 \cdot 6 + 9$ **H**
$65 = 7 \cdot 8 + 9$ **H**	$21 = 4 \cdot 4 + 5$ **A**
$26 = 2 \cdot 9 + 8$ **S**	$24 = 3 \cdot 7 + 3$ **F**
$50 = 7 \cdot 7 + 1$ **E**	$61 = 8 \cdot 7 + 5$ **A**
$44 = 4 \cdot 9 + 8$ **S**	$46 = 7 \cdot 6 + 4$ **D**
$30 = 3 \cdot 7 + 9$ **H**	$39 = 4 \cdot 8 + 7$ **L**
$69 = 9 \cdot 7 + 6$ **C**	$82 = 9 \cdot 9 + 1$ **E**
$28 = 9 \cdot 3 + 1$ **E**	$28 = 7 \cdot 4 + 0$ **R**
$51 = 7 \cdot 6 + 9$ **H**	$52 = 5 \cdot 9 + 7$ **L**
$66 = 6 \cdot 10 + 6$ **C**	$10 = 3 \cdot 3 + 1$ **E**
$62 = 6 \cdot 9 + 8$ **S**	$50 = 6 \cdot 8 + 2$ **K**
$34 = 4 \cdot 6 + 10$ **O**	$51 = 9 \cdot 5 + 6$ **C**
$42 = 6 \cdot 7 + 0$ **R**	$17 = 2 \cdot 6 + 5$ **A**
$57 = 9 \cdot 6 + 3$ **F**	$76 = 9 \cdot 8 + 4$ **D**

34

Teilen alle Reihen 3

Die Zahlen werden immer größer, die Ergebnisse aber nicht.

33

$0 : 4 = 0$	$45 : 5 = 9$	$18 : 9 = 2$
$1 : 1 = 1$	$48 : 8 = 6$	$20 : 4 = 5$
$4 : 2 = 2$	$49 : 7 = 7$	$24 : 8 = 3$
$6 : 3 = 2$	$50 : 5 = 10$	$24 : 4 = 6$
$8 : 2 = 4$	$54 : 6 = 9$	$27 : 3 = 7$
$9 : 3 = 3$	$56 : 7 = 8$	$28 : 7 = 4$
$10 : 5 = 2$	$60 : 10 = 6$	$30 : 3 = 10$
$12 : 4 = 3$	$63 : 9 = 7$	$32 : 4 = 8$
$14 : 2 = 7$	$64 : 8 = 8$	$35 : 5 = 7$
$15 : 3 = 4$	$70 : 7 = 10$	$36 : 9 = 4$
$16 : 4 = 4$	$72 : 9 = 8$	$40 : 4 = 10$
$18 : 6 = 3$	$80 : 8 = 10$	$42 : 7 = 6$
$20 : 10 = 2$	$81 : 9 = 9$	$45 : 9 = 5$
$21 : 7 = 3$	$90 : 10 = 9$	$48 : 8 = 6$
$24 : 6 = 4$	$100 : 10 = 10$	$50 : 10 = 5$
$25 : 5 = 5$		$54 : 9 = 6$
$27 : 9 = 3$	*Und jetzt noch*	$56 : 8 = 7$
$28 : 4 = 7$	*einmal von vorn!*	$60 : 6 = 10$
$30 : 5 = 6$	$0 : 7 = 0$	$63 : 7 = 9$
$32 : 8 = 8$	$6 : 3 = 2$	$64 : 8 = 8$
$35 : 7 = 5$	$8 : 4 = 2$	$70 : 10 = 7$
$36 : 6 = 6$	$9 : 3 = 3$	$72 : 8 = 9$
$40 : 5 = 8$	$10 : 2 = 5$	$80 : 10 = 8$
$42 : 6 = 7$	$12 : 6 = 2$	$90 : 9 = 10$
	$16 : 8 = 2$	

Durcheinander

In jeder Rechnung fehlt eine Zahl. Setze sie ein.

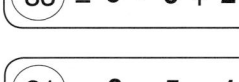

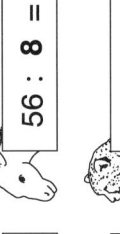

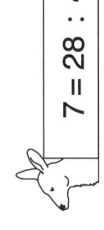

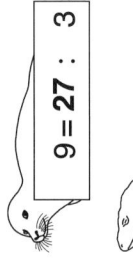

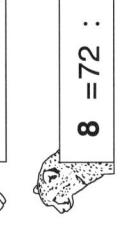

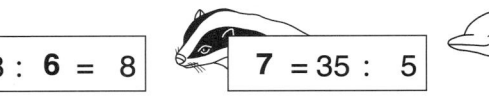

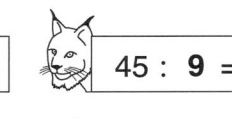

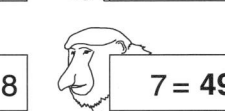

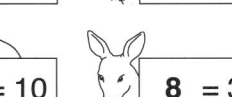

48 : 6 = 8	7 = 35 : 5	64 : 8 = **8**
28 : 7 = 4	56 : **8** = 7	**24** : 6 = 4
3 = 24 : **8**	**8** = 72 : 9	4 = 8 : **2**
36 : 9 = **4**	7 = 28 : **4**	5 = **30** : 6
7 = 42 : 6	45 : **9** = 5	**16** : 8 = 2
80 : **10** = 8	7 = **49** : 7	54 : **6** = 9
100 : 10 = 10	**8** = 32 : 4	40 : **8** = 5
9 = **27** : 3	**36** : 9 = 4	49 : **7** = 7
25 : 5 = 5	**0** : 6 = 0	**3** = 18 : : 6

Zerlegen 2

Suche zu jeder Zahl eine Multiplikation, die möglichst nahe an sie herankommt. Schreibe das, was fehlt, als Plusrechnung dahinter.

Beispiel: 13 = 3 · 4 + 1 oder = 2 · 6 + 1

29 = **4 · 7 + 1**	17 = **4 · 4 + 1**
47 = **9 · 5 + 2**	89 = **9 · 9 + 8**
67 = **8 · 8 + 3**	53 = **5 · 10 + 3**
37 = **6 · 6 + 1**	71 = **10 · 7 + 1**
59 = **7 · 8 + 3**	97 = **9 · 10 + 7**
83 = **9 · 9 + 2**	61 = **6 · 10 + 1**
31 = **6 · 5 + 1**	41 = **5 · 8 + 1**
23 = **3 · 7 + 2**	79 = **9 · 8 + 7**
73 = **9 · 8 + 1**	19 = **3 · 6 + 1**
11 = **2 · 5 + 1**	7 = **2 · 3 + 1**

Die Zahlen in den Kreisen können nicht geteilt werden. Man nennt sie Primzahlen.

Textaufgaben 1

Schreibe zu jeder Geschichte die passende Rechnung. Setze die richtige Zahl in den Antwortsatz ein.

Thomas hat 6 Kinder zum Geburtstagsfest eingeladen. Aus der Tischbombe fliegen 42 Dinge heraus.

42 : 6 = 7

Jedes Kind erhält **7** Dinge.

Maja hat 40 Blumen gepflückt. Jede ihrer vier Freundinnen erhält gleich viele. Auch Mama bekommt einen Strauß.

40 : 5 = 8

Jeder Strauß hat **8** Blumen.

Auf einer Torte liegen 36 rote Zuckerblümchen. Sie werden gerecht an die sechs Kinder verteilt.

36 : 6 = 6

Jedes Kind erhält **6** Stück.

Lea verteilt Erdnüsse. Jedes der neun Mädchen ihrer Klasse bekommt genau 8 Nüsse.

8 = 72 : 9

Lea hat **72** Nüsse in die Schule mitgebracht.

In der Turnstunde wirft ein Teil der Klasse 63 Tennisbälle auf die Wiese. Jedes Kind darf sieben Bälle werfen.

63 : 7 = 9

9 Kinder werfen Bälle.

Eine Schnur ist 27 Meter lang. Immer zwei Kinder zusammen schneiden ein 3 Meter langes Stück ab.

27 : 3 = 9

Die Schnur reicht für **18** Kinder.

Textaufgaben 2

Schreibe die Rechnung neben die Aufgabe und darunter einen Antwortsatz.

1. Die Kinder haben 72 Schiffchen in 9 verschiedenen Farben gefaltet. Es gibt von jeder Farbe gleich viele. Wie viele?

   72 : 9 = 8

   Von jeder Farbe gibt es 8 Schiffchen.

2. Die 6 Fenster des Klassenzimmers haben sie gleichmäßig mit 54 Papierblumen verziert. Wie viele sind es pro Fenster?

   54 : 6 = 9

   An jedem Fenster sind 9 Papierblumen.

3. Für den Rechenunterricht hat die Lehrerin 27 kleine Autos in drei verschiedenen Farben gekauft. Wie viele sind es von jeder Farbe?

   27 : 3 = 9

   Es gibt von jeder Farbe 9 Autos.

4. Der Klassenlehrer ist 3 Jahre älter als die fünf ältesten Kinder der Klasse zusammen, die alle bereits 9 Jahre als sind. Wie alt ist der Lehrer?

   5 · 9 + 3 = 48

   Der Lehrer ist 48 Jahre alt.

5. Die neue Kollegin ist viel jünger als der Klassenlehrer. Sie ist genau halb so alt wie er. Wie alt ist sie?

   48 : 2 = 24

   Die Lehrerin ist 24 Jahre alt.

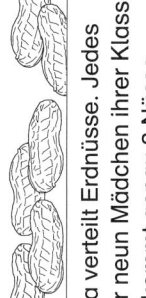

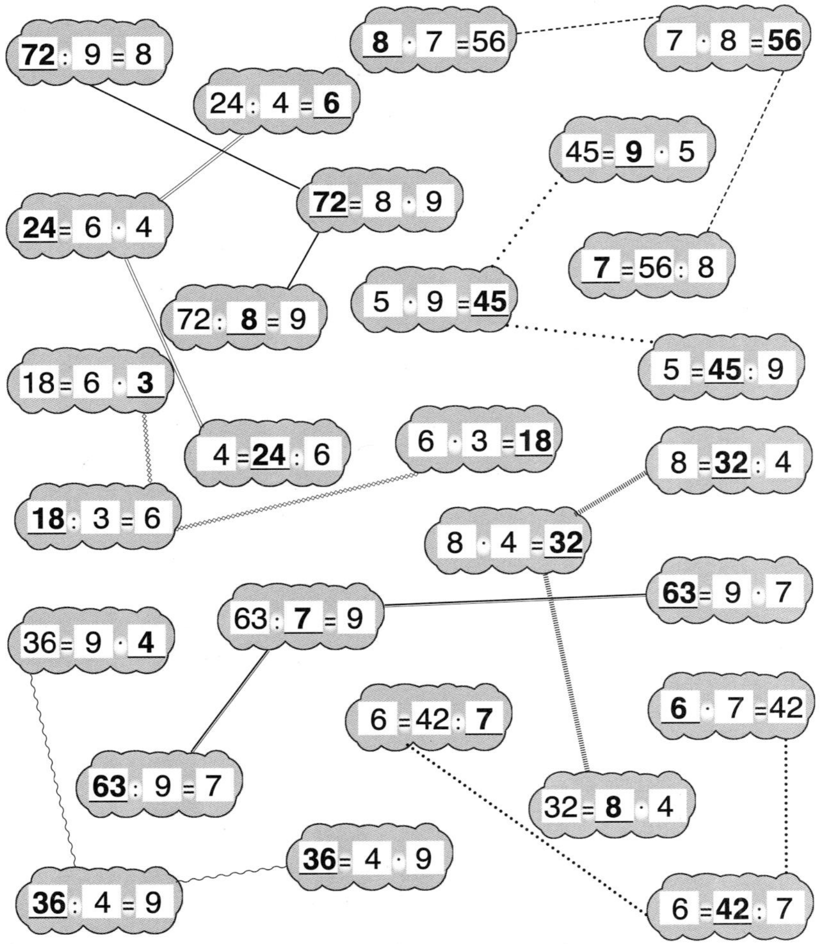

Wiederholung 2

Rechne von oben nach unten. Schreibe das Ergebnis ins kleine Rechteck.

1	2	3	4	5	6
24	7	45	Halbiere 64	100	48
: 8	· 8	: 5	− 20	: 10	: 6
· 7	− 20	· 8	: 2	· 4	· 9
+ 60	: 9	− 40	· 9	+ 2	− 40
: 9	· 7	· 4	+ 10	: 6	: 4
· 7	+ 60	· 6	: 8	· 8	· 3
63	**88**	**48**	**8**	**56**	**24**

7	8	9	10	11	12
100	35	9	Verdopple 28	9	24
− 64	: 7	: 9	: 7	· 9	: 3
: 6	· 9	· 6	· 6	− 60	· 0
+ 50	+ 9	+ 30	− 20	: 3	+ 20
: 7	: 9	: 6	: 7	· 7	· 4
· 9	· 3	· 5	· 6	· 5	· 3
72	**18**	**5**	**24**	**5**	**45**

13	14	15	16	17	18
27	42	Halbiere 98	25	Verdopple 36	0
: 9	: 7	: 7	: 5	: 9	: 1
+ 60	· 4	· 4	· 10	· 8	· 2
: 9	: 3	+ 8	− 8	− 60	· 8
· 4	· 5	: 6	: 7	· 7	· 3
− 20	: 10	· 9	· 3	+ 72	· 4 / · 8
8	**4**	**54**	**2**	**100**	**0**

40

Wiederholung 1

Dividieren (Teilen) und Multiplizieren sind miteinander verwandt.
Auf dieser Seite findest du immer drei Rechnungen, die aus den gleichen Zahlen bestehen, wenn sie gelöst sind. Verbinde sie mit verschiedenen Farben.

7 · 8 = 56
45 = 9 · 5
7 = 56 : 8
5 = 45 : 9
8 = 32 : 4
63 = 9 · 7
6 · 7 = 42
6 = 42 : 7
8 · 7 = 56
5 · 9 = 45
6 · 3 = 18
8 · 4 = 32
32 = 8 · 4
6 = 42 : 7
36 = 4 · 9
72 = 8 · 9
72 : 8 = 9
4 · 24 : 6
6 · 3 = 18
63 : 7 = 9
36 = 4 · 9
24 : 4 = 6
18 = 6 · 3
18 : 3 = 6
63 : 9 = 7
72 : 9 = 8
24 = 6 · 4
36 : 4 = 9

Male alle Felder mit richtig gelösten Rechnungen aus.

Teilen

- 2 -

___ : ___ = ___ ______

___ : ___ = ___ ______

______ ______

______ ______

___ : ___ = ___ ___ : ___ = ___

___ : ___ = ___ ___ : ___ = ___

- 3 -

___ : ___ = ___
___ : ___ = ___
___ : ___ = ___
___ : ___ = ___
___ : ___ = ___
___ : ___ = ___
___ : ___ = ___
___ : ___ = ___
___ : ___ = ___
___ : ___ = ___

- 8 -

- 4 -

< = >

___ : ___ ◇ ___ – ___
___ : ___ ◇ ___ – ___
___ : ___ ◇ ___ – ___
___ : ___ ◇ ___ – ___
___ : ___ ◇ ___ – ___
___ : ___ ◇ ___ – ___
___ : ___ ◇ ___ – ___
___ : ___ ◇ ___ – ___

- 5 -

___ : ___ = ___
___ : ___ = ___
___ : ___ = ___
___ : ___ = ___
___ : ___ = ___
___ : ___ = ___
___ : ___ = ___
___ : ___ = ___
___ : ___ = ___
___ : ___ = ___

- 6 -

Verbinde die Punkte in der Reihenfolge der Ergebnisse.

___ : ___ · ___ = ___
___ : ___ · ___ = ___
___ : ___ · ___ = ___
___ : ___ · ___ = ___
___ : ___ · ___ = ___
___ : ___ · ___ = ___
___ : ___ · ___ = ___
___ : ___ · ___ = ___
___ : ___ · ___ = ___

- 7 -

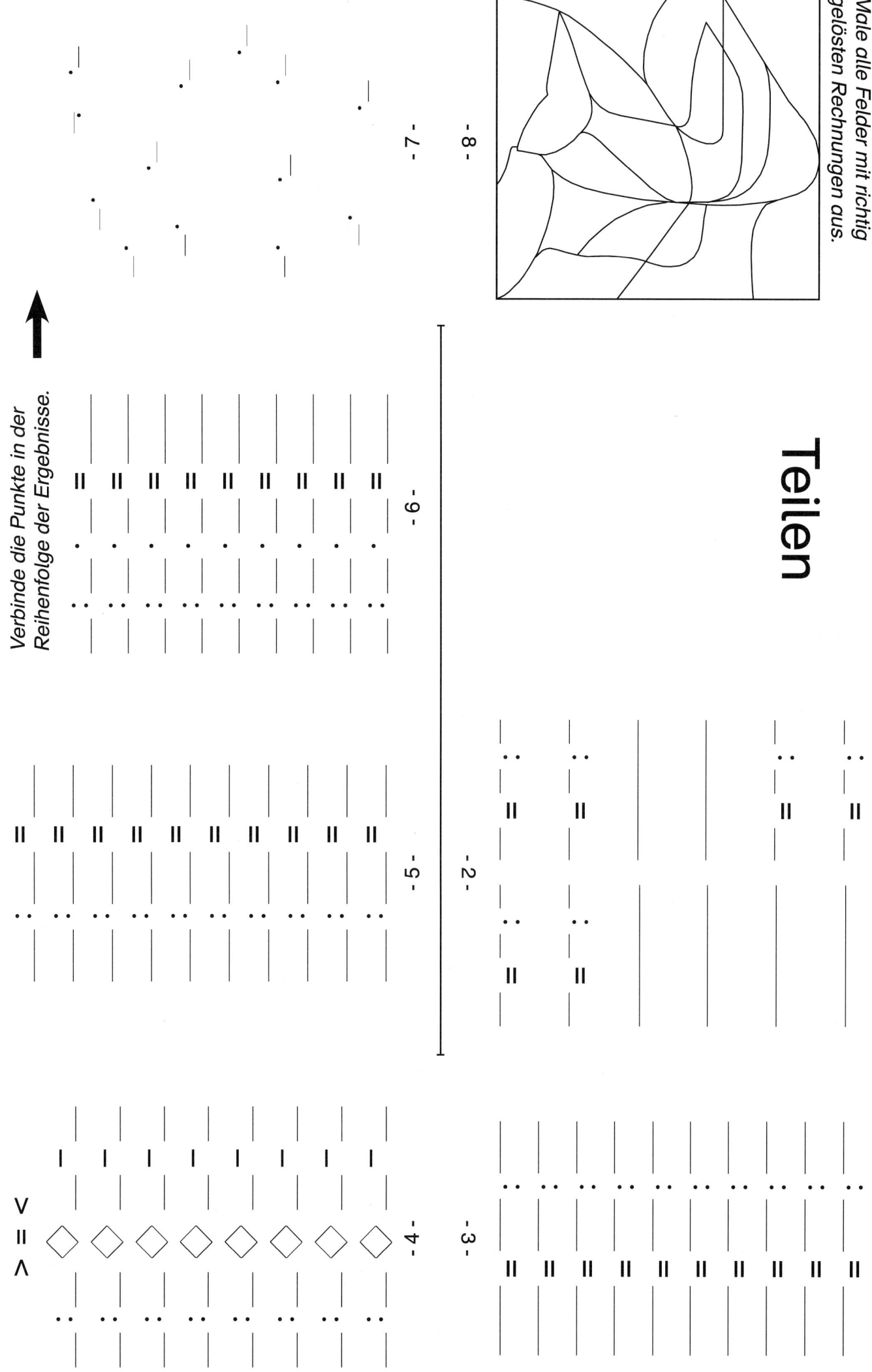

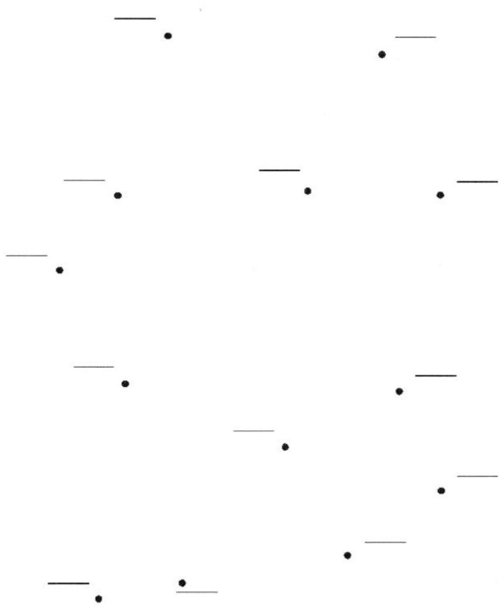

Teilen alle Reihen

Male alle Felder aus, welche die verlangten Rechnungen enthalten.

Das Ergebnis muss __ sein.

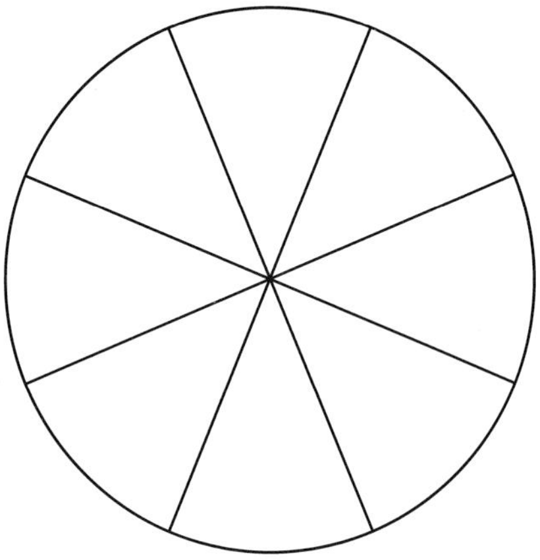

Das Ergebnis muss __ sein.

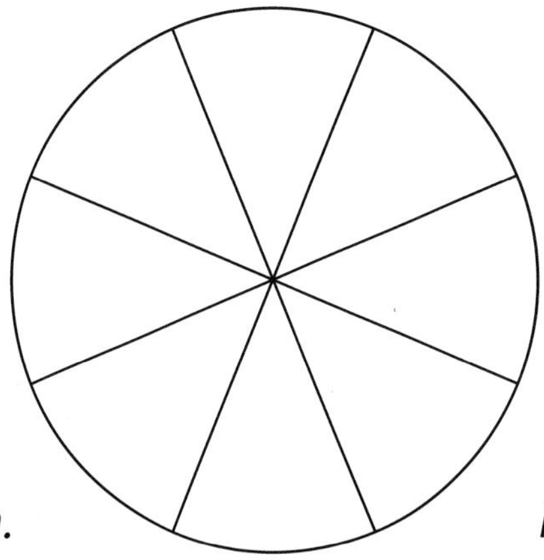

Das Ergebnis muss __ sein.

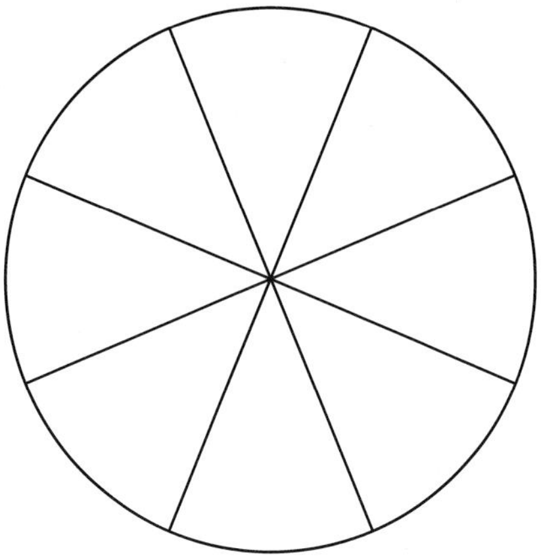

Das Ergebnis muss __ sein.

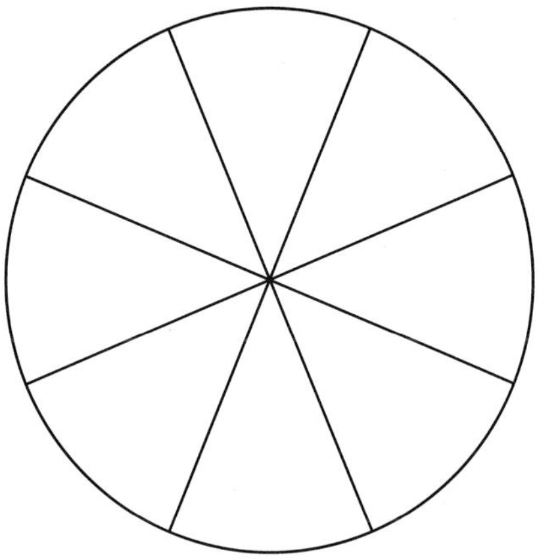

Das Ergebnis muss __ sein.

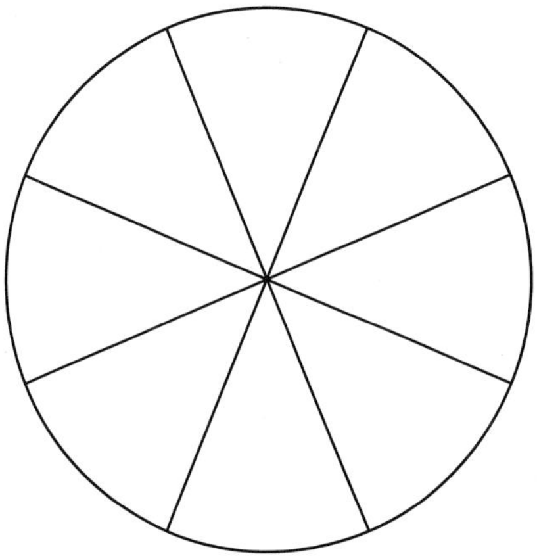

Das Ergebnis muss __ sein.

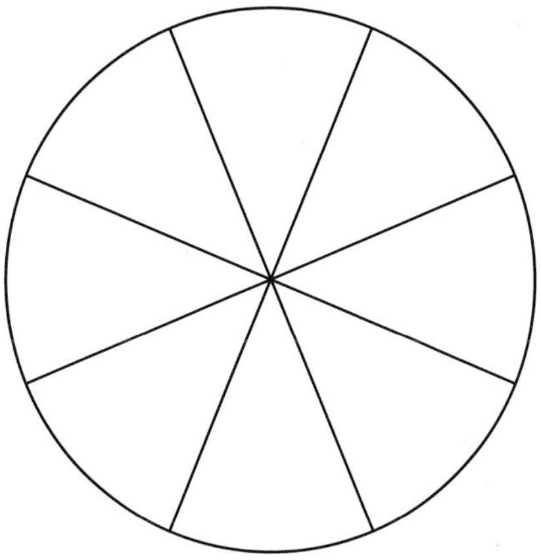

Das Ergebnis muss __ sein.

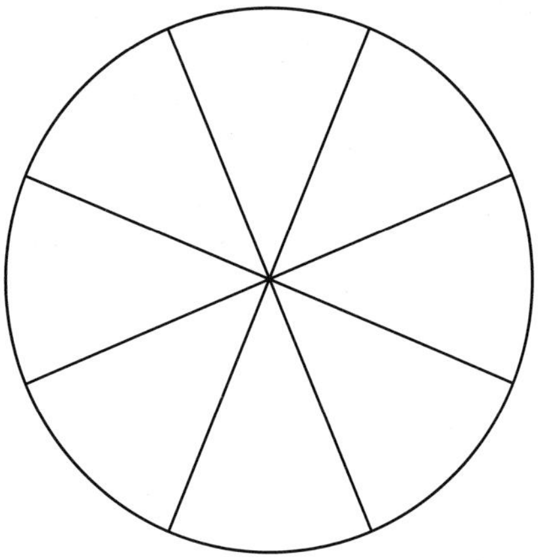

Das Ergebnis muss __ sein.

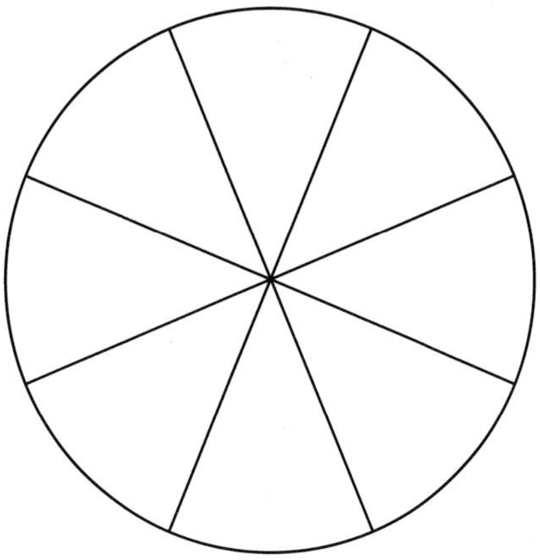

Durcheinander

In jeder Rechnung fehlt eine Zahl. Setze sie ein.

___ : ___ = ___

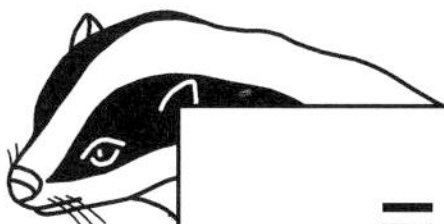
___ = ___ : ___

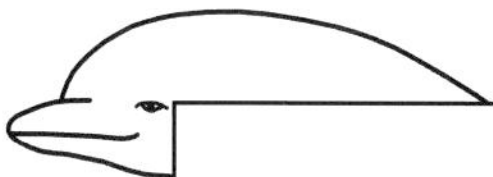
___ : ___ = ___

___ : ___ = ___

___ : ___ = ___

___ : ___ = ___

___ = ___ : ___

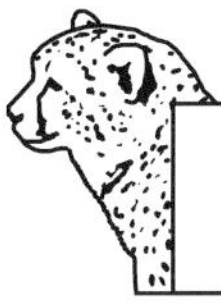
___ = ___ : ___

___ = ___ : ___

___ : ___ = ___

___ = ___ : ___

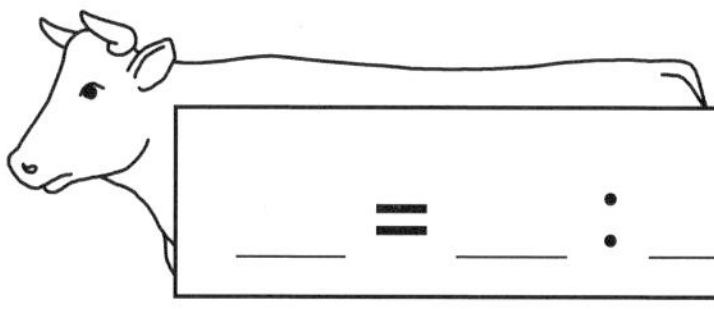
___ = ___ : ___

___ = ___ : ___

___ : ___ = ___

___ : ___ = ___

___ : ___ = ___

___ = ___ : ___

___ : ___ = ___

___ : ___ = ___

___ = ___ : ___

___ : ___ = ___

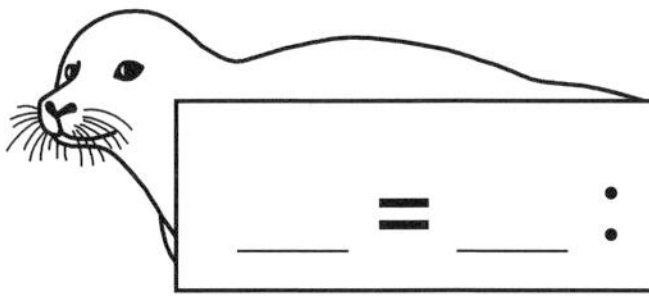
___ = ___ : ___

___ : ___ = ___

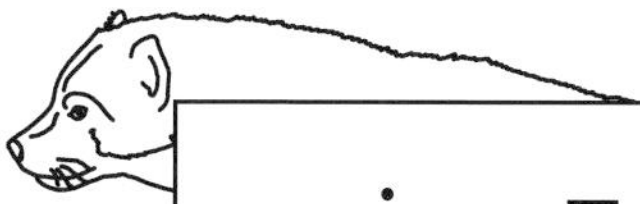
___ : ___ = ___

___ : ___ = ___

___ : ___ = ___

___ = ___ : ___

Wiederholung

Dividieren (Teilen) und Multiplizieren sind miteinander verwandt.
Auf dieser Seite findest du immer drei Rechnungen, die aus den gleichen Zahlen bestehen, wenn sie gelöst sind. Verbinde sie mit verschiedenen Farben.

Jederzeit optimal vorbereitet in den Unterricht?

»

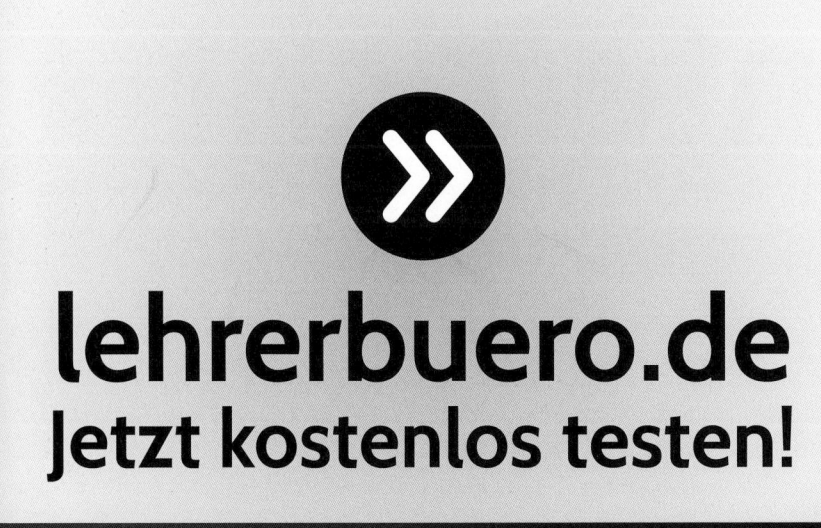

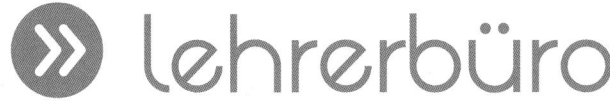